Paula Vilaboy

ERES NATURALEZA

Guía para vivir despacio
y reconectar con lo esencial

Papel certificado por el Forest Stewardship Council®

Primera edición: marzo de 2025

© 2025, Paula Vilaboy
© 2025, Penguin Random House Grupo Editorial, S. A. U.
Travessera de Gràcia, 47-49. 08021 Barcelona
© 2025, Tatiana Soro, por las ilustraciones

Penguin Random House Grupo Editorial apoya la protección de la propiedad intelectual. La propiedad intelectual estimula la creatividad, defiende la diversidad en el ámbito de las ideas y el conocimiento, promueve la libre expresión y favorece una cultura viva. Gracias por comprar una edición autorizada de este libro y por respetar las leyes de propiedad intelectual al no reproducir ni distribuir ninguna parte de esta obra por ningún medio sin permiso. Al hacerlo está respaldando a los autores y permitiendo que PRHGE continúe publicando libros para todos los lectores. De conformidad con lo dispuesto en el artículo 67.3 del Real Decreto Ley 24/2021, de 2 de noviembre, PRHGE se reserva expresamente los derechos de reproducción y de uso de esta obra y de todos sus elementos mediante medios de lectura mecánica y otros medios adecuados a tal fin. Diríjase a CEDRO (Centro Español de Derechos Reprográficos, http://www.cedro.org) si necesita reproducir algún fragmento de esta obra. En caso de necesidad, contacte con: seguridadproductos@penguinrandomhouse.com

Printed in Spain – Impreso en España

ISBN: 978-84-666-7952-7
Depósito legal: B-738-2025

Compuesto en M. I. Maquetación, S. L.
Impreso en Gómez Aparicio, S. L.
Casarrubuelos (Madrid)

BS 7 9 5 2 7

A meus avós, grazas,
crecín nunha librería chea de cariño.
Nunca me imaxinei
ter o meu libro nas vosas estanterías.

A ti, lector/a, esto es un regalo para mí,
gracias por abrir este libro.

ÍNDICE

INTRODUCCIÓN. Leer este libro es la mejor elección de tu vida 6
    ¿Por qué leer este libro te cambiará la vida? 9
    Papel y lápiz 11

1. Sostenibilidad – *Slow living* 15
    ¿Qué significa «sostenibilidad»? 17
    Slow living e introspección 25

2. Eres naturaleza 37
    Beneficios de estar en contacto con la naturaleza ... 50
    Earthing o *grounding* 61
    Baños de bosque 65
    Escucha tu cuerpo 78
        Alimentación intuitiva 81
        Alimentación consciente 87
        Cuerpo y movimiento 89
        Energía, productividad y ciclo menstrual 91

3. El simple hecho de ESTAR 98
4. Tecnología: ¿desconexión y/o conexión? 106
    ¿Se puede desconectar utilizando el móvil? 108
    Mi móvil y yo, una relación tóxica de dependencia . . . 111
    Dopamina y *slow content* 115
    Hazlo tú y lo entenderás todo 124
5. Tus compras importan 129
    ¿Valoras realmente lo que estás comprando? 130
    Fast fashion, pero ¿a qué precio? 135
    Comercio local 140
6. *Tips* sostenibles en tu rutina diaria 146
    Tips para una alimentación más sostenible 147
    Tips para un hogar más sostenible 154
    Tips para un transporte más sostenible 161
    Tips para viajes más sostenibles 165
    Tips para una tecnología más sostenible 171
7. Reflexión final 181

AGRADECIMIENTOS 183
BIBLIOGRAFÍA 185

INTRODUCCIÓN

LEER ESTE LIBRO ES LA MEJOR ELECCIÓN DE TU VIDA

«Cada vez más vivimos en ciudades con mucho ajetreo, junglas de asfalto sin ningún rastro de azul o verde. Cada vez nos olvidamos más de lo bien que estamos en la naturaleza y solamente nos acordamos cuando en verano podemos disfrutar de una cervecita en la playa, un paseo con amistades en el monte o una cita viendo el atardecer de fondo. Debemos volver a conectar con ella, de la forma que sea, para amarla, respetarla, pero, sobre todo, cuidarla más que nunca, porque la estamos destrozando.

»Por ejemplo, ¿cuándo fue la última vez que disfrutaste observando una flor? ¿O un bosque? ¿O quizá disfrutando de las olas del mar? Feliz Día Mundial de la Tierra, aunque para mí son todos los días de mi vida y espero que muy pronto para ti también lo sean».

Antes de empezar a disfrutar de este libro, saca tu móvil, quiero enseñarte un vídeo.

Ahora sí que sí.

Quería que escuchases con mi propia voz este pequeño fragmento de texto que redacté para el vídeo del Día Mundial de la Tierra, concretamente el 22 de abril de 2022. **¿Por qué quiero empezar mi libro con este texto?** Porque, sin darme cuenta, estaba manifestando de forma inconsciente escribir este libro en 2024 (¡y tú lo leerás en 2025!). ¡Es algo tan increíble que me emociono y todo! Ay, la vida, llena de bonitas casualidades.

Qué *cabeciña*… ¡No me he presentado! Madre mía. Mil perdones, yo aquí charlando como si nos conociésemos de toda la vida sin siquiera decirte mi nombre. ☺ Si formas parte de mi comunidad de redes sociales, ya somos casi como familia, pero si no me conoces y el destino quiso que este libro esté en tus manos, allá voy.

Hola, me llamo Paula Vilaboy, aunque todo el mundo en redes sociales me llama Blondie, por mi usuario @blondiemuser en todas las redes sociales (@musaloura en mi perfil cien por cien en gallego), y la verdad ¡es que me encanta! Así que, sí, ¡por supuesto que puedes llamarme Blondie tú también!

Soy creadora de contenido de sostenibilidad y *lifestyle*, *social media strategist* y bióloga de formación especializada con un máster en Conservación de la Biodiversidad. Sí, soy una mezcla de todas estas cosas. Hoy en día me dedico por completo a la creación de contenido y a concienciar sobre la importancia de cuidar nuestro planeta. La vida da muchas vueltas y encontré mi pasión juntando mis dos amores: la naturaleza y las redes sociales. Mi interés por la primera viene desde que era bien pequeñita. Soy de esas personas que al llegar a una casa ajena es más probable que hagan más caso a tu mascota que a ti. No me escondo. ☺

Si ahora te entró el gusanillo de saber más sobre mi trabajo, estaré encantadísima de que abras Instagram y/o TikTok, que son las redes sociales donde creo más contenido, y escribas en el buscador **@blondiemuser**. Pero bueno, basta ya de presentarme, si quieres cotillearme ya sabes: ¡nos vemos en las redes sociales!

¿POR QUÉ LEER ESTE LIBRO TE CAMBIARÁ LA VIDA?

Boom. Menudo título, ¿verdad? Pero es que creo firmemente que este libro te cambiará la vida. Y, ojo, para bien.

Antes de nada quiero que sepas que **volverás a este libro mil y una veces.** ¿Por qué lo digo? Porque quiero que sea tu lugar seguro siempre que haga falta, que lo leas y lo releas cuanto quieras, recordando todos los nuevos conceptos que descubrirás en él.

A lo largo de todo el libro, te enseñaré muchísimas formas en las que, bajo mi experiencia, puedes reconectar con la naturaleza, tu entorno, tu ser... En definitiva, con tus raíces, con lo esencial en este mundo tan ajetreado.

Además, podrás leerlo en el orden que quieras, pues cada uno de los capítulos aborda un tema en concreto, pero no tiene por qué ir ligado al capítulo anterior ni posterior. Leerlo también te ayudará a desconectar y a escuchar tu cuerpo, algo así como una forma de *slow reading*, un concepto que me acabo de inventar (y me quedo tan ancha), pero que creo que sirve muy bien para explicarte que de verdad puedes tomarte este libro con calma.

Léelo como lo sienta tu cuerpo, escúchalo. Disfruta de la lectura fluyendo como tú lo necesites. Probablemente mientras lees estas líneas estés pensando «Madre mía, la abrazaárboles». Si es así, este libro es perfecto para ti. Realmente creo que este libro debería leerlo todo el mundo y no porque yo sea la escritora, sino porque es un libro útil y muy necesario.

¿A qué me refiero con disfrutar de la lectura fluyendo como tú lo necesites? Pues a que cada persona tiene sus circunstancias personales. En mi caso, muchas veces cuando compro un libro me agobio bastante porque, aunque hay días en que leo muchísimas páginas, muchos otros no puedo avanzar en absoluto y, cuando retomo la lectura, ya me olvidé de todo lo anterior y tengo que releerlo. Es algo que me resulta muy frustrante y, como no quiero que te pase eso a ti, y porque este es mi libro, hago hincapié en que te liberes de todos los agobios y fluyas con la lectura.

Repito: lee este libro como quieras, cuando quieras y donde quieras, y disfrútalo.

De corazón.

Graciñas de nuevo por estar al otro lado de estas páginas. Estés donde estés, nos hallamos en conexión, ahora más que nunca, ¡te doy la bienvenida a *Eres naturaleza*!

P. D.: por cierto, me encantará ver cómo aprendes a reconectar con tus raíces y la naturaleza con este libro, así que puedes etiquetarme en redes sociales con una foto de este en medio de la naturaleza, en una cafetería, en el descanso de tu trabajo o en cualquier momento en que estés leyéndolo, a través de mi usuario **@blondiemuser** y algunos hashtags como **#eresnaturalezalibro** o **#slowreading**. Así, crearemos una maravillosa comunidad y nos conectaremos alrededor de este libro, ¿no sería estupendo?

PAPEL Y LÁPIZ

En este libro de vez en cuando habrá páginas en las que podrás escribir. Soy una persona muy analógica, aunque mi trabajo consiste en crear contenido en redes sociales y rodearme de tecnología y pantallas todo el rato. Por eso, valoro muchísimo la importancia de escribir a mano.

Cuando lo hago estoy más focalizada en lo que pienso y redacto, y supongo que a ti te sucederá lo mismo. **Escribir a mano hace**

que estés en el presente, que sientas el tacto del lápiz o del bolígrafo, y notes cómo la tinta de las letras o los dibujos impregna el papel. Además, ¿sabes cuál es uno de los muchos propósitos de este libro? Ayudarte a ser consciente del hecho de estar.

Redactar cualquier frase en el ordenador o en el móvil no activa al completo nuestra capacidad de concentración. Ojo, no lo digo yo, sino muchos estudios científicos. Por ejemplo, Audrey van der Meer tiene muchísimos artículos publicados en la revista *Frontiers in Psychology* sobre este tema.

> Blondie *tip*: si algún día quieres buscar algún artículo científico en concreto, solamente tienes que poner en el buscador de tu explorador favorito «Google Académico». Y se te abrirá un buscador de Google donde literalmente solo se publican artículos científicos. ¿A qué viene este inciso? Porque siempre es un buen día para aprender algo nuevo con base científica.

Mi querida Audrey van der Meer y su equipo descubrieron en sus estudios que el hecho de escribir a mano hace que se generen más conexiones neuronales que hacerlo en el móvil o a través de un teclado. Así que sí, soy fiel defensora de escribir a mano siempre que puedas por los muchísimos beneficios que tiene. ¿Te los voy a contar? Evidentemente.

- ✓ Mejora la psicomotricidad.
- ✓ Favorece la memoria.
- ✓ Fortalece la concentración.
- ✓ Mejora la capacidad de retener la información.
- ✓ Ayuda a ordenar tus ideas.
- ✓ Estimula la creatividad.

Y podría seguir.

Si lo piensas, cuando escribes en un teclado o en el móvil, que es justo lo que estoy haciendo ahora mismo, estás solo pulsando teclas. Fin.

Es decir, tu cerebro manda la señal a la mano para pulsar una tecla. Y luego otra. Y luego otra. ¿Y luego? Efectivamente, otra tecla. Todas igualitas.

No hay una unión como cuando escribes a mano. Al hacerlo tu cerebro se entrena, lo llevas al *gym*. Coges el bolígrafo y escribes una letra tras otra, te fijas en cómo trazas cada vocal, cada consonante, cada signo, te tomas tu tiempo para pensar en las ideas que quieres transmitir… **No le das a una tecla sin más.** De ahí el título de este subcapítulo y la razón de ser de muchos de los espacios que encontrarás en el libro en los que podrás disfrutar escribiendo a mano.

RESUMEN DE LA INTRODUCCIÓN

- Soy Paula Vilaboy, @blondiemuser en redes sociales, creadora de sostenibilidad y *lifestyle* y bióloga de formación. ¡Encantada de conocerte! ☺
- Muy importante: no hay ninguna pauta ni orden que se deba seguir para leer este libro. Tómatelo como una práctica de *slow reading* y ve al ritmo que necesites.
- En este libro encontrarás páginas con ejercicios prácticos donde necesitarás un lápiz o un bolígrafo para escribir a mano. Esta acción hace que tu cerebro cree conexiones neuronales mucho más beneficiosas que si utilizas el teclado de tu ordenador o de tu móvil, lo que mejora la psicomotricidad, la memoria, la concentración, la capacidad de retener la información, la creatividad y además ordena tus ideas.

1
SOSTENIBILIDAD – *SLOW LIVING*

> Tenemos que construir una sociedad más amable, más humana, más lenta y más conectada con el mundo natural.
>
> HIEKE FREIRE

Es muy probable que te preguntes «¿El *slow living* y la sostenibilidad son lo mismo?». Vayamos por partes. Como te decía antes, a lo largo de este libro tendrás que escribir de vez en cuando, así que aquí va tu primer ejercicio de reflexión:

Para ti, ¿qué es la sostenibilidad?

_____

_____

_____

_____

_____

_____

Para ti, ¿qué es el *slow living*?

_____

_____

_____

_____

_____

_____

Hoy en día, el *slow living* y la sostenibilidad están de moda y, si aún no te habías dado cuenta de ello, después de leer este libro empezarás a verlos por todas partes. Pero ¿realmente sabes lo que significan?

Lo que acabas de escribir en las páginas anteriores no está ni bien ni mal, es la percepción de los conceptos de *slow living* y **sostenibilidad** que tienes ahora mismo.

Así que vamos a verlos en detalle. Siempre es un acierto preguntarle a la Real Academia Española (RAE), ¿no?

¿QUÉ SIGNIFICA «SOSTENIBILIDAD»?

Abro el diccionario y, cuando busco el concepto de sostenibilidad, pone: «1. f. Cualidad de sostenible».

Pero ¿qué dice la RAE sobre el término «sostenible»?

> 1. adj. Que se puede sostener. *Opinión, situación sostenible.*
> Sin.: defendible, razonable, sustentable.
> Ant.: insostenible.

2. adj. Especialmente en ecología y economía, que se puede mantener durante largo tiempo sin agotar los recursos o causar grave daño al medio ambiente. *Desarrollo, economía sostenible.*

Sin.: sustentable.

No sé si a ti también te pasa, pero a mí las definiciones académicas suelen sonarme muy formales y técnicas, así que siempre las traduzco a conceptos que pueda entender de forma sencilla. El primer paso para poder cambiar las cosas es entenderlas y para lograrlo muchas veces tienes que «bajar» el lenguaje técnico y hacerlo tuyo… Empecemos: «que se puede mantener durante largo tiempo sin agotar los recursos o causar grave daño al medio ambiente».

Para mí algo **sostenible**, y supongo que tú anotaste algo parecido en la página anterior, **es cualquier cosa (o acción) que vayas a utilizar o realizar en el presente sin que al hacerlo comprometas a las futuras generaciones.** Vamos, que no sea un pan para hoy, pero migajas para mañana.

Creo firmemente que el hecho de estar viviendo en desconexión con la naturaleza hace que no tengamos presente el concepto de «sostenibilidad/sostenible» en nuestro día a día, pero si lo piensas, **la**

naturaleza siempre ha sido sostenible. Cada planta, cada animal, cada ser vivo que ves tiene una función en el ecosistema. Todo. Lo mires por donde lo mires. Absolutamente todo está relacionado: desde los nutrientes del suelo que aportan soporte al precioso árbol que te da sombra hasta un simple —aunque en realidad no lo es— ciempiés.

Te voy a dar tres datos curiosos que aprendí durante la carrera de Biología y que te ayudarán a entender el concepto de ecosistema.

El primero trata sobre un experimento realizado en 1963 con estrellas de mar. Concretamente la estrella de mar púrpura depredadora (*Pisaster ochraceus*). Robert T. Paine, zoólogo y profesor estadounidense en la Universidad de Washington, descubrió que esta especie, que vivía en la bahía de Makah, se alimentaba de mejillones. Y pensó «¿Qué pasaría en las comunidades intermareales si "quito" todas las estrellas de mar?».

> Blondie *tip*: una comunidad intermareal es aquella que vive en la zona intermareal, el espacio de transición que está al «aire» cuando baja la marea, pero que queda sumergido totalmente cuando esta sube.

Pues para resolver su duda, eso es lo que hizo. Ni corto ni perezoso planteó un experimento muy simple. Creó dos tramos de costa diferentes: uno en el que seguía todo tal y como estaba, y otro tramo que quitó todas las estrellas de mar. (Tranquilidad, tras el experimento las devolvió a su lugar). ¿Qué crees que pasó? Pues que de repente aquello era *Proyecto X*. Los mejillones se dieron un megafiestón en ese tramo sin estrellas de mar. Se apoderaron totalmente del ecosistema e incluso desplazaron a otras especies como algas, percebes y caracoles. Vamos, una movida: el tramo de costa modificada por Paine parecía una batea en plena ría de Vigo.

Con este experimento, la *Pisaster ochraceus* fue la primera especie clave de estrella de mar identificada. **Una especie clave es aquella que es fundamental para que todo el ecosistema esté equilibrado.** Sí, este experimento que parecía tan simple y loco al inicio resultó ser todo un descubrimiento.

En 1970, otros ecólogos quisieron repetir el experimento anterior, pero con nutrias marinas de Alaska que cazaban erizos de mar. ¿Qué pasó? ¡Bingo! Sin nutrias los erizos proliferaban tanto que se comían los bosques de algas, de las que dependían otras especies. Vamos, ¡que se lio parda otra vez!

Otro caso curioso, y quizá el más conocido, es el del Parque Nacional de Yellowstone, ubicado en Estados Unidos. Debido a la mala fama que tienen siempre los lobos (y aunque el Parque Nacional de Yellowstone es un espacio protegido), en los inicios del parque se habían matado 136 lobos en unos diez años. Y en 1926 dispararon al último, dejando el parque sin ningún ejemplar.

En 1995, después de unos setenta años sin lobos, se reintrodujo la especie. Primero se probó con 14 lobos, todos con un collar de seguimiento para ver cómo se comportaban durante el proceso y, un año más tarde, en 1996, se reinsertaron otros 17. Desde un principio pensaban repetir esta acción una vez al año durante cinco años, pero para sorpresa de todos esos 31 lobos fueron suficientes para hacer historia.

La reintroducción de los 31 lobos desencadenó que la naturaleza dijese por todo lo alto «Puedo sola, ya verás». Así, de repente, se controló la población de alces que crecía sin cesar y hubo una cantidad de interrelaciones de todas las especies, por lo que todo el ecosistema del parque cambió. Al haber un nuevo depredador en el parque, todos los herbívoros se movían mucho más y no estaban tanto tiempo en los mismos sitios, y esto provocó que la vegetación también cambiara. En solo seis años, los sauces que había a las orillas del río quintuplicaron su altura y su número también aumentó junto con los matorrales, arbustos, etcétera.

¿Y qué hizo esto? Pues que el número de insectos creciera y, como consecuencia, se ampliara la población de pájaros. Además, el cambio en la vegetación del río hizo que el curso de este se modificase. **Sí, sí, los lobos cambiaron el curso del río,** ¿cómo te quedas?

La primera vez que escuché en clase este ejemplo de Yellowstone sobre cómo una especie puede cambiar todo un ecosistema me quedé pegada a la silla. Reintroducir una especie como el lobo modificó un río, aumentó el número de ejemplares de distintas especies vegetales (sauces, matorrales, arbustos…), incrementó el número de pájaros, insectos, osos pardos, pumas, bisontes, águilas, buitres, castores… Ya te dije antes que no hay absolutamente ninguna especie en la naturaleza que no tenga su función y, como ves, estos experimentos son la prueba viviente de ello. La ciencia que estudia todas estas interrelaciones es la ecología —asignatura que me costó aprobar en la universidad, por cierto—, una rama de la biología que explica, hasta donde conocemos hoy en día, cómo se relacionan los seres vivos entre sí y con su entorno. Hace casi un siglo, el biólogo estadounidense Barry Commoner ya lo decía: la primera ley de la ecología es que todo está relacionado con todo lo demás.

Así que, partiendo de esta base de interconexión total, podemos deducir que la naturaleza siempre es sostenible: donde hay vida, hay muerte; donde hay crecimiento, hay decrecimiento. Los cambios se producen al ritmo que la naturaleza marca, ni antes ni después. La naturaleza va a su ritmo y se autogestiona.

El problema, bastante grande en realidad, es que la naturaleza enferma cuando los humanos nos desconectamos de ella. Durante miles y miles de años, la naturaleza vivía tan tranquila, a su ritmo, con su ecología por bandera..., pero entonces llegó la humanidad.

¿Podríamos haber seguido los ritmos de la naturaleza? Sí, porque no somos nada sin ella, pero decidimos hacer oídos sordos e ir en su contra. Ay, qué mala elección... Y, sin embargo, la naturaleza posee algo que me encanta y es que, además de seguir su ritmo y autogestionarse bien ella solita, tiene una resiliencia enorme, es decir, es capaz de adaptarse en situaciones adversas y salir airosa como si nada hubiese ocurrido. **Creemos que los humanos somos resilientes, pero la naturaleza nos da mil vueltas.**

Por ponerte un ejemplo rápido y sencillo, año tras año, desgraciadamente vemos que cuando llegan las altas temperaturas, los incendios ocupan todas las portadas de los periódicos, y eso significa que la naturaleza está sufriendo una perturbación muy grande. Cuando veo las noticias de incendios se me parte el alma en dos...

> Blondie *tip*: si crees que los propios bomberos prenden fuego al monte, un falso mito muy extendido, por desgracia, te animo a escuchar el episodio de mi pódcast *Como una luciérnaga* en el cual entrevisto a un bombero que me contó todo todito. Moló mucho, la verdad.

El caso es que, ¿qué hace la naturaleza después de que el incendio se apague? Sigue su ritmo, recuperando poco a poco toda su fortaleza hasta volver a ser, muchos años después, el bosque que se había quemado en su momento. ¿Comprendes ahora por qué te decía que la naturaleza nos da mil vueltas? Porque se vale por sí misma como una campeona, algo que hay que tener siempre en mente.

Otra cosa que no debemos olvidar es que necesitamos a la naturaleza para vivir, y no al revés. Es una importante diferencia. Ser consciente de esto hace que vivas más acorde con el pensamiento de «ser naturaleza» y tratarla como es debido. La sostenibilidad y bajar el ritmo son conceptos que van de la mano, cruciales para seguir viviendo muchísimos más años y no extinguir la humanidad.

Así que, aunque te parezca fuerte este *plot twist*, la conclusión de todo lo que te he explicado es que debemos bajar el ritmo. Ya no es una opción, sino un deber. Ahí es donde entra el *slow living*.

SLOW LIVING E INTROSPECCIÓN

Seguro que conoces esta situación. Suena el despertador, te levantas de la cama, desayunas y te preparas para un nuevo día de trabajo. Llegas a la oficina y comienza tu jornada laboral, que consta de estrés y más estrés, todo sin parar y rápido. Vuelves a casa, en el transporte que sea. Puede que tengas algo de tiempo para hacer algún recado o quizá te dispongas directamente a hacer la cena y a preparar la comida para el día siguiente. Y vuelta a dormir. Suena el despertador…

Es triste, pero es la realidad, **vivimos en automático.** Quizá alguna vez te haya pasado que has llegado a un sitio y has pensado «¿Cómo llegué aquí?» sin recordar nada del trayecto. A mi me ha pasado de ir conduciendo de un sitio a otro y, al llegar al destino, no recordaba nada de todo el trayecto. Habernos acostumbrado a vivir la vida en modo avión es más preocupante de lo que crees…

Día tras día, nos sometemos a la misma rutina, al mismo estrés, a más rapidez sin vivir el presente, aunque creas que sí lo estás haciendo. ¡Qué erróneo es el concepto de «vivir el presente»! ¿Vivimos el presente si cada vez que podemos pulsamos el botón de aceleración (x2)? ¿O si no sabemos ni cómo son las fachadas de los edificios de la calle que recorremos todas las mañanas para ir al trabajo?

Ese simple gesto de observar nuestro alrededor en vez de ir de un punto A a uno B, de conocer tu barrio, de descubrir que tienes un zapatero a dos calles de tu casa que puede arreglarte esos zapatos que tanto te gustan… Eso es vivir el presente, pero no le estamos prestando atención.

Me entristece que hayamos perdido la conexión con lo que nos pasa, con el ahora, y eso está totalmente ligado a perder la conexión con la naturaleza de la que hablaba antes.

Así que, volviendo al principio de este capítulo, la sostenibilidad y el *slow living* están muy relacionados entre sí. A mayor conexión con el presente, mayor conexión con todo lo que te rodea y, por lo tanto, con la naturaleza y todos los beneficios que esto trae consigo.

Como ya habrás podido intuir, el *slow living* (también conocido como *slow life* o *slow movement*) es algo así como la «vida lenta», según su traducción al castellano, pero realmente esta traducción no es del todo acertada. Muchas veces se piensa que el concepto de *slow living* o vida lenta se basa en **ralentizar nuestro ritmo,** algo en parte cierto, pero no del todo. El *slow living* es muchísimo más que eso, y el inicio de este estilo de vida es bastante peculiar, así que... ¿a quién no le gusta un buen chisme? ¡Yo te lo cuento!

Este movimiento surgió en los años ochenta aproximadamente. Resulta que la *slow life* o el *slow living* (es probable que según dónde lo leas lo llamen de una manera u otra) surgió a raíz de la protesta de un periodista gastronómico llamado Carlo Petrini en el año 1986.

Para ponerte un poco en contexto, Carlo Petrini, además de ser sociólogo y periodista, fue un activista marxista italiano en el Partito di Unità Proletaria. En los años setenta, escribió artículos culinarios, pero pronto se hartó del ambiente de los diarios comunistas *Il Manifesto y L'Unità*. Petrini estaba convencido de que la incipiente globalización supondría un riesgo para las tradiciones culinarias de su país. Como bien sabrás, desde mediados del siglo XIX, la tecnología y la industrialización crecían sin prisa pero sin pausa, y todo nuestro mundo se fue acelerando poco a poco sin darnos cuenta. Supongo que a lo largo de estos ciento y pico años ya habría algunas personas a las que les molestaba o iban en contra de ese ritmo frenético, pero Carlo Petrini fue quien puso nombre a decir «¡Ey, frenemos un poquito, por favor os lo pido!».

Total, ¿por qué empezó esta protesta del señor Petrini en los ochenta? Pues porque en una famosísima y preciosísima plaza de Roma, la piazza di Spagna, inauguraron un restaurante de comida rápida. No voy a decir la marca, pero tiene un payaso muy famoso, la mitad de su nombre se parece al del pato Donald y crea menús infantiles con juguetitos para hacer más apetecible dicha comida… **El buen marketing frente a la buena salud.** Mentiría si te digo que yo no caí en sus redes, pero tanto tú como yo sabemos que esa comida no es que sea mala, sino lo siguiente.

El caso es que Carlo Petrini se rebeló ante la llegada del *fast food* a la famosa piazza di Spagna. Y no fue el único indignado, en Italia se lio pardísima a raíz de esto. La ciudad se dividió en dos. Por un lado, las personas que sí veían como un cambio positivo este nuevo restaurante de comida rápida y, por otro, aquellas que detestaban esa modernidad estadounidense que se iba a cargar las tradiciones culinarias de su ciudad.

Se montó una megamanifestación de protesta delante del establecimiento y ¿qué hizo Petrini? Pues se puso a repartir platos de pasta *penne* a todo el mundo, dando así un toque más sentimental a la protesta y mostrando por lo que él luchaba: por la cocina italiana. Lo que lees. ¿Repartir comida en una manifestación? *I'm in!*

Carlo, junto con un grupito de personas afines, defendieron la alimentación tradicional, el comer bien y tener un ritmo de vida mucho más lento en general. En términos modernos, defendían la *slow food* o comida lenta, la que se caracteriza por cocinarse a un ritmo lento y consumirse en el ambiente más pausado de un restaurante. Suena raro, ¿verdad? Pues debería ser lo normal...

Estas ideas se extendieron y apareció el concepto de *slow life* o vida lenta, cuyo objetivo es que seas consciente del control de tu propio tiempo y no te dejes llevar por la inmediatez que vivimos cada día. En pocas palabras, una filosofía de vida que se basa en vivir en el presente a un ritmo que podamos sobrellevar.

Suena sencillo, pero viendo cómo vivimos hoy en día, vivir en el presente resulta bastante complicado cuando dejas que tu mente se dispare de forma automática para intentar seguir el ritmo frenético que nos impone la sociedad. Nos hemos acostumbrado a unos niveles de estrés muy elevados y este movimiento nos ayuda a enfocar nuestros sentidos en lo que hacemos en el momento presente. Si te soy totalmente sincera, muchas veces quienes me siguen me escriben diciéndome: «Se te ve tan tranquila, tan calmada». Como diría mi abuela: «Ay, miña rula...». Puede que transmita eso, pero te mentiría si no te digo que mi mente algunas veces es como un hámster dentro de una rueda que no para de correr.

Porque sí, el *slow living* también pasa por hacer mucha (muchísima) introspección y entender que no existe un botón mágico que puedas activar y decir de repente «¡Ya estoy tranquila!». Normalmente el proceso sucede despacio (valga la redundancia) y hay días mejores y peores; algunos en los que es imposible parar la rueda del hámster y otros en los que te das cuenta de que has podido bajar un poquito el ritmo y que eso te ha sentado bien. Lo bueno es darte cuenta de ello y querer ir mejorando *pasiño a pasiño*.

Aterrizando en términos más concretos, el *slow living* promueve que focalices tu atención en cómo descansas, cómo te alimentas, cómo te relacionas con las personas que tienes a tu alrededor, cómo te comunicas, cómo notas tu salud mental…

¿Descansas las horas suficientes? ¿Cuánto priorizas tu descanso en tu día a día? ¿Llevas una dieta equilibrada o comes cualquier cosa para seguir el ritmo frenético? ¿Cuidas a tus amistades? ¿Cuándo fue la última vez que charlaste en persona sin ninguna distracción más? ¿Sueles decir sí a todo aunque no llegues, por el hecho de complacer a todo el mundo? ¿Cuántas veces al día eres consciente de cómo estás anímicamente?

Quiero que te tomes estas preguntas que acabas de leer como un ejercicio práctico. Si no lo has hecho, reléelas y contéstalas en tu mente.

Páginas atrás ya te mencioné varias veces que **debemos bajar el ritmo.** ¿A qué me refiero? Significa desacelerar, dejar de pisar el pedal ficticio de aceleración en nuestra vida, disminuir las prisas. Si te fijas bien, solamente hace falta echar una mirada a cualquier acera para ver que la gran mayoría de personas van apresuradas a todos lados. **Un ritmo que de forma inconsciente está calando en nuestra sociedad.**

Me gustaría que recordases la última vez que tu cuerpo te pidió desesperadamente frenar y se lo concediste. ¿Qué sentiste en ese mismo instante? ¿Y después?

_____

_____

_____

_____

_____

Si te ha costado desarrollar esta pregunta, aquí está la señal que necesitabas.

¿Te he convencido y quieres poner en práctica esto del *slow living*? ¡Aquí van algunos consejos!

1. **No eres una máquina.** Métetelo en la cabeza, aunque te hagan creer todo lo contrario. Capitalismo, *you know*... Tienes tus tiempos, tus ritmos y tu organización. Cada persona es un mundo, por lo que no puede crearse un molde igual que sirva al conjunto de la sociedad. A no ser que trabajes por cuenta propia (yo me lo guiso, yo me lo como), ten claro que no vas a heredar la empresa, así que ve a tu ritmo.

2. **Descansa.** Suena obvio, pero se nos olvida descansar lo suficiente. ¿Cuántos días a la semana sueles dormir las ocho horas recomendadas? ¿Siete? ¿Seis? ¿Cinco? Espero por tu bien que no sean menos de cinco... Muchísimas veces un descanso —de verdad— ayuda a que todo funcione incluso mejor que antes.

3. *Slow eating.* Por favor, ¡piensa en Carlo Petrini a partir de ahora! En este caso, me incluyo en esta tarea pendiente, porque es algo en lo que fallo mucho, en comer con prisas, con pantallas y sin disfrutar de lo que está saboreando el paladar. ¡Disfruta de ese ratito en el que nutres tu cuerpo! La alimen-

tación es lo que hace que todos tus órganos sigan dándote la oportunidad de leer ahora mismo este libro, energía pura y dura. ¡Tus células se ponen muy contentas cuando alimentas tu cuerpo! Así que estar presente mientras comes es de lo mejor que puedes hacer por ti, nunca lo olvides.

4. **Mímate.** Mímate mucho. Esto ayuda a aumentar tu autoestima y a bajar ritmos, aunque no lo creas. Un masaje, disfrutar de un taller que hacía tiempo que querías hacer, pasear por la naturaleza porque sabes que te sienta bien... Lo que sea que te haga frenar un poquito y dedicar algo de tiempo a conectar contigo. Ponte un recordatorio de mimarte por lo menos unos minutos al día o a la semana. Es la única forma de priorizarlo.

5. *Slow fashion, slow food, slow travel...* Puedes bajar ritmos en todos los ámbitos de tu vida. La cuestión es hacerlo a tu ritmo, nunca mejor dicho, y no agobiarte por no cambiarlo todo en un día.

6. **Rodéate de naturaleza y, si no puedes, busca la forma de estar cerca de ella.** En la naturaleza tu cuerpo se pausa, aunque no quieras. Te prometo que, aunque no pretendas parar,

es estar en contacto con la naturaleza y tu cuerpo enciende el botón de *off* y se activa el modo *slow*.

Con nuestro ritmo frenético, es totalmente normal que no nos centremos en el presente, tal y como comentaba en las anteriores páginas. **Focalizarnos en lo que estamos realizando en cada momento, poniendo atención e intención, también es *slow living*.** Por ejemplo: ¿cuántas veces pusiste una lavadora mientras pensabas en todo lo que tenías que hacer durante el día? Durante esta acción tu mente solo tiene que concentrarse en meter una prenda tras otra en la lavadora, fijarse que una camiseta tiene una mancha, poner el detergente en el cajetín, cerrar la puerta...

¿Alguna vez te paraste a pensar si realmente pones atención e intención cuando haces las cosas? Te aseguro que para mí fue un cambio enorme implementar poco a poco en mi día a día esta técnica de atención o *focus*. En mi caso, me ayudó a bajar los niveles de ansiedad en estas situaciones en concreto. Si estoy poniendo una lavadora, mi mente tiene que estar concentrada en poner la lavadora y no en todas las tareas que aún me quedan por hacer hoy.

> Blondie *tip*: el *slow living* también tiene una vertiente de minimalismo. Cuantas menos cosas poseas o tengas a la vista, menor será tu ansiedad visual.

Frenar e ir a un ritmo más calmado hace que veamos las cosas muchísimo más claras y seamos capaces de disfrutarlas aún más.

RESUMEN DEL PRIMER CAPÍTULO

- La sostenibilidad y el *slow living* no son lo mismo, pero se complementan de una forma muy positiva.
- La sostenibilidad consiste en intentar que las generaciones futuras puedan disfrutar de nuestro planeta igual o mejor que nuestra generación.
- El *slow living* es un movimiento o forma de vida que te recuerda tus ritmos naturales, sin tanto estrés ni rapidez ni ritmos frenéticos que ponen tu cuerpo en modo automático.
- Practicar el *slow living* beneficia tanto tu cuerpo como tu mente.

2
ERES NATURALEZA

> En cada paso por la naturaleza uno recibe mucho más de lo que anda buscando.
>
> John Muir

Para poner en práctica todo lo anterior y hacer un alto en este frenesí de vida que acabas de **(re)descubrir,** quiero hacer un ejercicio contigo ahora mismo.

Cierra los ojos durante treinta segundos y activa TODOS tus sentidos. No tienes por qué contar el tiempo, solamente quiero que cierres tus ojos sin soltar el libro y, cuando consideres que ha pasado el tiempo suficiente, los vuelvas a abrir y sigas leyendo. Yo te espero.

...

...

...

¿Qué has sentido durante estos segundos? Quizá te haya parecido una tontería o puede que ni lo hayas hecho, pero con este ejercicio deseaba traerte al presente y que utilizases todos tus sentidos, ya que en tu día a día es probable que no lo hagas. ¿Acaba de ser una pequeña encerrona para ver si estás en conexión con el presente? Sí, lo digo.

Quería que cuando cerrases tus ojos, notases como tus manos agarraban firmemente el libro, gracias a tu piel puedes percibir su peso, su tacto...

Durante esos segundos seguro que también estuvo más presente tu oído, puede que hayas escuchado los ruidos tan comunes de la calle o quizá tengas la suerte de estar leyendo este libro en un entorno más calmado en tu casa o en plena naturaleza.

Puede que notases que, al tener los ojos cerrados, tu mandíbula se destensó y notaste una leve relajación en tu cara y en todo tu cuerpo.

La naturaleza se puede «controlar», pero solamente hasta cierto punto y tú, aunque lleves muchos años sin darte cuenta, **eres naturaleza.** Conectar con el presente hace que de forma inconsciente lo hagamos con todos nuestros sentidos. Puedes controlar tu cuerpo, pero hasta cierto punto, como la naturaleza.

Cuando nacemos damos por hechas muchas cosas. Por ejemplo, que vamos a tener un cuerpo con buena salud sin indagar en absoluto en sus funciones. Cualquiera ha estado en esa aula de primaria o secundaria estudiando anatomía y creo firmemente que para muchísimas personas fue la última vez en la que fueron conscientes de lo increíble que es el cuerpo humano.

No nos damos cuenta de que somos naturaleza. Te juro que el día que hice clic, me cambió la vida, y por eso, quiero que este libro te ayude a cambiar también. Desgraciadamente, mi clic no vino por un libro —¡ojalá!—, sino porque en 2011 me quedé ciega del ojo izquierdo.

Cada cual tenemos nuestros problemas, unas personas más que otras, pero cuando se trata de la salud, todo tiene mucho más impacto en nuestras vidas. Tu mundo se para y ahí es cuando te das cuenta de lo importante que es tener salud. Así que como te imaginarás, estaba acojonada, y no es para menos, pues me quedé ciega del ojo izquierdo en pocos días.

Esta historia la conté en un episodio de *mi pódcast Como una luciérnaga* porque para mí este es mi lugar seguro y me sentí cómoda para hacerlo. En mis redes sociales, no encontrarás nada de este tema porque incluso hoy no estoy preparada para dar el paso y hacerlo público ante una comunidad tan grande. Así que este será nuestro secreto, confío en ti, no quiero ni mensajes privados ni nada, solo voy a contarte mi historia y quedará aquí en este libro, entre tú y yo.

Ahora mismo, mientras estoy escribiendo, me sucede lo mismo que me pasó cuando hablaba en mi pódcast. Siento que es un lugar seguro, y me apetece compartir contigo mi historia y por qué el cuerpo humano y la naturaleza son maravillosos. ¡Ya es hora de honrarlos cada día!

Era agosto de 2011, volvía de la playa y antes de acostarme noté en el ojo izquierdo una especie de arenilla.

—Mamá, mírame el ojo, tengo algo porque me molesta, pero no veo nada.

Ni mi madre ni mi padre veían nada en el ojo, yo tampoco, pero me seguía molestando. ¿Qué podía hacer? Pensé que se me pasaría y me fui a dormir. A la mañana siguiente seguía teniendo esa molestia, pero tampoco veía nada raro en la esclera, la parte blanca del ojo.

Dos días después, continuaba con la dichosa molestia, pero decidí no decir nada para no molestar, algo muy típico en mí, la verdad, que puedo estar muriéndome de dolor pero es probable que no te diga nada hasta que tengamos que ir al hospital de urgencia… Confío mucho en mi cuerpo, así que creía que se me pasaría.

Al tercer día, recuerdo estar con mis amigas en el campo de fútbol viendo cómo entrenaban nuestros amigos. Pasé de sentir en el ojo un poco de arenilla a ver muy borroso. Ahí ya empecé a asustarme. ¿Dije algo? Tampoco… La verdad es que no estoy nada orgullosa de ser una persona que se calla para no molestar.

Esa misma tarde, la imagen borrosa de mi ojo izquierdo pasó a ser una pequeña mancha negra pequeña en el centro. ¿Qué crees que hice? Sí, callarme a ver si se pasaba. Spoiler: no ocurrió.

Pasaron unas horas e iba en el coche con mi madre hacia casa de mis abuelos. La mancha se había hecho más grande... Me acuerdo perfectamente de ese momento:

—Mamá, no veo la carretera.

—¿Qué? ¿Cómo que no ves la carretera?

—No... Veo todo negro en mi ojo izquierdo.

—¡¿Cómo?! Pero, Paula..., ¿desde cuándo? ¡Vamos a la óptica ya!

Cambió de dirección en cuanto tuvimos la oportunidad y fuimos directas a la óptica mientras llamaba a mi padre para encontrarnos allí.

—El ojo está perfecto... No veo nada relacionado con los síntomas que me dices, Paula. Creo que esto viene del cerebro... Es mejor que vayáis directos a urgencias.

Y de urgencias pasé a quedarme hospitalizada porque, aunque ya sabían casi seguro lo que lo causaba, tenían que hacerme pruebas y una punción lumbar.

Si algún día te dicen que te van a hacer una punción lumbar, corre. No, ahora en serio. Uf, qué duro. Me vi sola en una habitación rodeada de profesionales sanitarios y mires, tapada con una sábana mientras un celador me sujetaba el cuerpo en posición fetal y me decía cariñosamente al oído «Por favor, no te muevas».

Porque si me movía durante la punción lumbar, mal asunto... Creo que nunca en mi vida respiré tan poco como en esos segundos de la punción. Tomaba aire muy lentamente, casi sin notarlo, mientras que por las mejillas me caían lágrimas incontrolables cual cascada.

Días más tarde llegó el diagnóstico: brote de neuritis óptica por esclerosis múltiple. Ahora entenderás por qué aún no estoy preparada para hablar de esto en redes sociales... Cada persona tiene sus tiempos y yo todavía lo estoy asimilando, aunque hayan pasado muchos años.

¿Lo bueno? Tras el diagnóstico, recuperé la vista.

«Paula, siempre te asombras por todo. Cualquier cosa que ves, los colores...», suelen decirme. Y cuando lo hacen siempre pienso: «Ay, si tú supieras...». Volví a ver por el ojo izquierdo y evidentemente fue muy fuerte la sensación que viví esos días. La visión no regresa al momento, sino que es algo progresivo; en mi caso, primero empezó a disolverse la mancha negra y después vi en blanco y negro. ¡Flipa! Recuerdo ver la televisión del hospital. Cuando me tapaba el ojo izquierdo podía hacerlo en color, pero si tapaba el derecho estaba en blanco y negro. Una movida, la verdad.

Un día, cuando me desperté, empecé a ver los colores de forma muy tenue. ¿Lloré? Por supuesto.

¿Quién no llora cuando literalmente recupera la vista?

Y ahí es cuando, a la fuerza, hice el clic. El cuerpo es maravilloso y, a pesar de todas las enfermedades que pueda tener, es naturaleza. **Somos naturaleza.**

De repente, mi mente volvió a todas esas clases de biología en las que te explicaban cómo funciona nuestro cuerpo. Memorizabas toda la teoría, quizá a veces la interiorizabas, para escupirla en el examen y continuar con el temario, pero ¿crees que alguna vez llegaste a darte cuenta del auténtico milagro que es un cuerpo que funciona en perfecta sintonía con el resto de la naturaleza?

Cada milímetro de tu organismo es un conjunto de múltiples acciones que hacen que puedas ahora mismo estar leyendo este libro y tus sentidos estén focalizados en que comprendas su contenido mientras lo tocas e interiorizas sus palabras. ¡Si lo piensas, es fuerte!

A continuación, hagamos otro miniejercicio. **¿Cuándo fue la última vez que sentiste tu cuerpo?** Pero sentirlo de verdad, no me refiero a cuando alguien te pellizca, tu amigo te pega tal susto que te va el corazón a mil o te golpeas con el marco de la puerta por ir mirando el móvil cual zombi.

¿Cuándo fue la última vez que sentiste tu cuerpo, que fuiste consciente de él? Responde con sinceridad:

_____

_____

_____

_____

_____

_____

Cuando estamos tan en desconexión con la naturaleza, lo estamos de nuestro propio cuerpo. No me cansaré de repetírtelo, eres naturaleza.

Así que ahora quiero que te fijes en tu piel, por ejemplo, en la zona de las manos. Contempla las hendiduras de tu piel, los pelos del brazo, ese lunar que tienes ahí que te ha acompañado toda la vida o quizá ese otro que surgió hace poco tiempo. Observa tu piel con detenimiento.

No quiero que analices tu cuerpo, sino que lo sientas, porque esto hace que vivas. Suena redundante, pero es así, nos olvidamos de que nuestro cuerpo es lo más importante que tenemos.

Nuestro cuerpo es como un árbol, nos ayuda a luchar contra la gravedad y nos mantiene en posición erguida, gracias a él podemos sentir muchísimas sensaciones y vivir de una forma plena. Ahora te pregunto, ¿qué es un árbol sin sus raíces?

¿Cuándo fue la última vez que pensaste en tus raíces? Los árboles tienen raíces y tú también aunque no las veas: donde has nacido, donde has crecido, donde te has sentido más tú y tu pertenencia a esos lugares.

También es el sentimiento de familia que tengas, la de sangre o la que escogemos: las amistades.

Lo quieras o no, **tus raíces son una gran parte de ti y muchas veces nos olvidamos de ellas,** pero nunca vas a poder soltarlas porque están dentro de ti. En mi caso, mis raíces se resumen en Galicia. Toda mi familia es de Galicia y me siento muy pero que muy ligada tanto a sus costumbres como a su idioma y los miles de cosas que se te puedan ocurrir de Galicia. De hecho, está tan dentro de mí que no logro verme en un universo paralelo naciendo en cualquier otro lugar del planeta.

—¿Dónde te gustaría haber nacido?

—En Galicia.

—No, ahora en serio. Piénsalo bien. Puede ser cualquier lugar del mundo.

—… Galicia.

Y no me sacas de ahí, así te lo digo.

Si estás leyendo esto y se parece a tus raíces, enhorabuena, es un gran logro, porque muchas personas renuncian a sus raíces, intentando apartar de sí mismos algo que en realidad nunca podrán alejar. Y es que todo lo que eres hoy en día es gracias a tus raíces, las que has ido adquiriendo inconscientemente de todos los lugares en los que has estado y las experiencias que has vivido a lo largo de tu vida. Porque, aunque todo mi ADN y mi familia sean de Galicia, mis raíces también son un conjunto de costumbres, acciones y sentimientos que crean la personalidad que tengo hoy.

Si eres una persona a la que le gusta muchísimo indagar sobre los orígenes del lugar en el que ha nacido, es muy probable que te interesen las leyendas de este, su cultura… De repente, te encontrarás haciéndote preguntas —¿para qué servía hace años este tipo de botijo?— que quizá para ti sean solo eso, pero en realidad son tus raíces penetrando aún más en el suelo. Como si fueses un árbol, tal cual, y no olvides que un árbol sin raíces muere y que en cierta forma esto mismo pasa con pequeños trocitos de nuestra identidad, que se marchitan si no alimentamos nuestras raíces de vez en cuando…

Para reconectar con tus raíces te propongo que te hagas algunas preguntas como:

- ✓ ¿Puedo conocer aún más la cultura de mis antepasados/ancestros?
- ✓ ¿Cuándo fue la última vez que mis familiares me contaron alguna historia familiar?
- ✓ ¿Hay alguna zona de mi aldea, ciudad o pueblo que siento que me queda por descubrir?
- ✓ ¿Disfrutaré escuchando canciones o viendo bailes de la cultura tradicional?

Estoy segura de que cualquier pregunta que puedas hacerte sobre tus raíces será la correcta para **reconectar con ellas.** Lo importante una vez más es dedicarle una pausa, un poquito de energía, un espacio en tu mente y un tiempo que ya hemos visto que no estamos acostumbrados a guardar para este tipo de cosas «no productivas».

Te invito a que, cuando hayas pensado en todo lo que te acabo de plantear, aproveches y busques un par de folios en blanco para plasmar tus reflexiones de la manera en que te apetezca. Puedes escribir las palabras que más te conecten con tus raíces, o buscar fotos en internet o de tu familia y hacer un *collage* o dibujar lo que te nazca... La idea es que este *moodboard* te quede como una referencia a la que volver siempre que te desconectes de tus raíces y necesites un pequeño recordatorio de lo importantes que son.

BENEFICIOS DE ESTAR EN CONTACTO CON LA NATURALEZA

Aunque llevemos algunos siglos en los que la humanidad vive sobre todo en grandes ciudades alejada de la naturaleza, esta siempre estará ahí en menor o mayor medida. Es cierto que las ciudades están cada vez más llenas de asfalto, se talan más árboles y, en definitiva, el contacto con la naturaleza en las grandes ciudades disminuye. El resquicio que puede quedar de naturaleza en ellas es, como mucho, si pensamos en Madrid, por ejemplo, el Retiro, alguna que otra maceta que ponga tu vecino, grandes árboles en algunos barrios (normalmente en los de mayor poder adquisitivo) y, si tienes suerte, alguna zona más en tu barrio donde puedes tener un trozo de césped ¿verde?

Me sorprende que esto que para mí es tan llamativo (y alarmante) a muchas personas les resulta un tema totalmente ajeno, o eso parece, ya que no veo a todo el mundo manifestándose porque solo haya una o dos zonas verdes como mucho en cada ciudad…

¿Por qué no nos echamos las manos a la cabeza cuando no tenemos zonas verdes en las ciudades o los pueblos?

Efectivamente: porque no estamos en conexión con la naturaleza. ¡Me lo has quitado de la boca! Si es que la respuesta a casi todo es esta y no me cansaré de repetirlo…

Si no estás en conexión con la naturaleza, ¿cómo vas a ser consciente de la importancia que tiene y cómo lucharás por algo tan necesario para ti? Es una pena, pero si no es así, no sientes esa necesidad de luchar por lo verdaderamente importante…

Así que vengo a contarte algunos de los muchísimos beneficios que nos aporta la naturaleza. Después de hacer el clic y darte cuenta de que eres parte de ella, resulta fundamental dar el siguiente paso: estar en conexión con la naturaleza y empezar a reivindicarlo, porque te conviene mucho más de lo que imaginas.

Beneficios de estar en contacto con la naturaleza:

Salud física (beneficios fisiológicos):

- Favorece el ejercicio físico.
- Mejora la esperanza de vida.
- Aumenta la concentración y la memoria.
- Protege la vista (nada de pantallas, solo aire libre).

- ✓ Refuerza el sistema inmune.
- ✓ Reduce la presión arterial.

Salud mental (beneficios psicológicos y cognitivos):

- ✓ Mejora el estado de ánimo.
- ✓ Reduce el estrés.
- ✓ Ayuda a reducir el insomnio.
- ✓ Estimula la creatividad.
- ✓ Promueve la introspección.

Y no, no me acabo de inventar todo esto para intentar convencerte de que salgas a la montaña, hay muchísimos estudios científicos sobre ello. Incluso la Organización Mundial de la Salud (OMS) hizo un informe muy completo llamado «Green and Blue Spaces and Mental Health». En este estudio se demostró que pasar tiempo en la naturaleza, tanto en zonas urbanas como periurbanas, favorece la actividad física, ayuda a establecer interacciones sociales que dejan a un lado el estrés cotidiano y hasta mitiga el impacto que causa en nuestra salud mental el cambio climático.

Otro estudio científico llamado «Cross-sectional associations of different types of nature exposure with psychotropic, antihypertensive and asthma medication» publicado en *Occupational & Environmental Medicine* descubrió que si una persona visita espacios verdes cinco veces o más por semana, consumirá un menor número de medicamentos para la hipertensión, así como psicotrópicos y tratamientos para el asma que otra que pasa menos tiempo en la naturaleza.

Niégame que no te sientes bien después de estar un ratito al sol entre árboles, aunque sea en una única calle en plena ciudad. Me estarías mintiendo a la cara. Bueno, al papel, que por ahora nos separan estas páginas.

En mi caso personal, muchas veces me fuerzo a salir a dar un paseo, aunque esté en plena ciudad, y me pongo el reto de buscar algo de verde, un entorno mínimamente natural para que mi salud mental se vea beneficiada. Cuando, por ejemplo, me encuentro en casa agobiada o saturada, sé que lo que mi cuerpo necesita es salir a dar un paseo y encontrar algo de verde. Esta simple acción es muchísimo más sencilla, evidentemente, cuando tienes la suerte de vivir en zonas rurales que sí conservan muchas zonas verdes. **Si este es tu caso, enhorabuena, posees un lujo incalculable nada más abrir la puerta de tu casa.**

En cambio, si vives en plena ciudad, quizá te parezca que no puedes tener cerca la naturaleza, pero ¡puedes conectar con la naturaleza de una y mil maneras! Tener plantas en casa es una de las muchas formas de albergar un trocito de naturaleza dentro de nuestra vida llena de estrés y asfalto. Por mucho que sea bióloga, a mí no se me dan bien las plantas —ups, siento decirte que es un mito que los profesionales de la biología sepamos cuidarlas—. Aun así, sueño con tener una casita con una huerta donde pueda plantar frutales y verduras para mi consumo propio. Ya veremos cómo fluye todo y si se llega a materializar. Por ahora... ¡lo manifiesto!

Cuando hablo de plantas, y de la naturaleza en general, es imposible que no me vengan a la mente mis abuelos. Tengo la gran suerte de haber nacido y crecido en una familia que ama la naturaleza sin saberlo. No tengo muchísimas fotos de caminatas largas por el bosque en las que se ve a una Paula de tres años acariciando el agua de un río o disfrutando de un safari **—no vayas a los safaris, porfa, y si lo haces, que sea mediante un turismo sostenible para la comunidad local, gracias—**. No crecí en ese tipo de familia, pero porque vivo en una con una conexión tan fuerte con la naturaleza que no nos hace falta nada eso. He crecido rodeada de vida natural: desde gallinas hasta calabacines, tomates, lechugas, zanahorias, y todos los productos de la huerta que te puedas imaginar. Tendrías que haber visto las enormes calabazas que, si nos despistábamos, ocupaban todo nuestro huerto y el de la vecina de al lado.

En fin, crecí en una familia que cultiva y cuida la tierra como si se tratase de un frágil jarrón de porcelana. Y con toda sinceridad, creo que esta es la mejor forma de conectar con la naturaleza, sentir que es tu casa y que quieres cuidarla porque te proporciona todo lo que necesitas.

> Blondie *tip*: si lo piensas, es un amor recíproco, la naturaleza da y tú la cuidas.

Recuerdo pasar las noches de verano viendo las estrellas con mi primo en medio de la finca de mis abuelos. Nos sentábamos en silencio y de vez en cuando comentábamos cualquier tontería que se nos viniese a la mente. Y de repente, veíamos una estrella fugaz, sorpresas de la naturaleza que siempre iban seguidas por un «Guau, ¡¿la viste?!».

Nuestra conexión con ella es tan fuerte que nuestro cuerpo no necesita hacer una ruta de senderismo ni cualquier otra de postureo campestre que se te venga a la mente, sino que nos basta con estar un rato en la huerta charlando de la vida mientras comentamos lo bien que han salido las patatas este año. Porque sí, cuidar las plantas hace que forjes aún más conexión con la naturaleza.

Remover la tierra, regar las plantas, quitar las hojas secas…, todo eso es *slow living* en estado puro. No sabes la tranquilidad que da.

—*Abuelo, mamá di que necesita unha lechuga, tomates e patacas.*

—*Pois vamos alá!*

Soy consciente de que en las ciudades es más complicado tener tu propia huerta, da gracias si por suerte tienes un balcón en el que plantar tus brotes… Pero aun así, como te dije antes, puedes reconectar con la naturaleza con un acto muy simple: compra una planta fácil de cuidar para que, si se te dan tan mal como a mí, no desistas a la primera de cambio.

Si en tu barrio hay un huerto urbano, ¡te ha tocado la lotería! Aunque la verdad es que no soy muy fan de cultivar en las ciudades por toda la contaminación que hay en el aire y que, de forma inevitable, acaba en la tierra… ¡Es una opción que quizá te resulte cómoda y perfecta para experimentar lo que se siente cuidando de la naturaleza!

Puede que te haya sorprendido que la contaminación afecte de esta forma a las plantas, pero te contaré una anécdota relacionada con esto. En primero de carrera teníamos el examen práctico de Botánica, que consistía en que la profesora te mostraba una serie de plantas colocadas sobre tu mesa de laboratorio y debías saber su clave dicotómica, es decir, un código recogido en un gran libro que te permite identificar organismos, plantas en este caso, basándote en sus características. Por ejemplo, si tenía flores rojas, debías pasar a la segunda página, si eran de otros colores, pasabas a la tercera, y así tooodo un libro hasta llegar a la especie y subespecie de dicha planta.

Quizá pienses que esto es facilísimo, pero para nada. La profesora elegía las plantas que nos fuese complicado identificar. Por ejemplo: un día le puso a un compañero en un examen una rosa que era prácticamente imposible de reconocer, le había quitado las espinas y cualquier rasgo característico de una rosa. Cada persona tenía plantas diferentes, así que echar un vistazo a lo que estaba haciendo el de al lado no te servía de nada.

Fueron dos horas de examen y me faltaba identificar la última planta. ¿Problema? Que llegaba al final de la clave dicotómica y, ¡sorpresa!, esa planta no era. Erre que erre volvía a repasar la clave dicotómica de principio a fin una y otra vez para de nuevo llegar al final y comprobar ¡que no era! No podía dejar de pensar: «¿En qué paso me estoy equivocando?».

Desesperada, levanté la mano porque quedaban solo diez minutos para terminar el examen...

—Profesora, la clave me indica que es esta planta, pero no es correcto. Estoy segura.

En ese momento, ni tan siquiera me prestó atención, únicamente me dijo:

—Vuelve a revisarla.

Ni me miró.

Yo estaba desquiciada, no te lo voy a negar... Era la última planta que me faltaba por identificar, cada vez quedaba menos tiempo y la clave dicotómica me llevaba a un nombre ¡que te juro que no era!

—Por favor, necesito que vengas porque no entiendo qué está pasando…

—Paula, quedan cinco minutos para que termine el examen, ahora no puedo ayudarte…

Repetí otra vez rapidísimamente todos los pasos de la clave dicotómica (que no eran pocos), mis amigas ya habían salido del examen y me miraban a través del cristal de la puerta. Solo quedábamos tres personas en el laboratorio y las otras dos chicas estaban repasando sus respuestas antes de entregar el examen.

Como comprenderás, mi agobio cada vez iba a más porque una planta no identificada me quitaba muchos puntos en la nota y no entendía nada.

—Por favor, de verdad, necesito que vengas a ver esta planta.

—Paula, ya no queda tiempo. Tienes que entregarme el examen.

—Por favor, solamente necesito que la revises junto con la clave porque he estado tratando de identificarla mucho tiempo y…

Al final, la profesora vino hasta mi puesto del laboratorio, revisó la planta sin mirar la clave dicotómica (tampoco le hacía falta, pues ella era experta en plantas). De repente vi que en su cara se fijaba una expresión entre confusión y asombro:

—¿Qué ocurre?

—Paula, tienes que disculparme. No sé cómo se me ha pasado esto…

—No entiendo, ¿qué pasa? La planta que tengo aquí indicada no es… ¿verdad?

—**Esta planta está mutada.**

Bingo. Misterio resuelto. No sé cuántas veces me pidió perdón por haber dejado que me rompiera la cabeza tratando de identificar una planta mutada. Aunque parezca ciencia ficción, cuando las plantas están en ambientes muy contaminados pueden mutar. Normalmente no es tan exagerado como el pez de tres ojos de *Los Simpson*, pero algo parecido… Aquella planta poseía una característica muy diferente porque había mutado por las condiciones del ambiente en que había crecido.

—Estoy haciendo ahora memoria y la recogí cerca de una carretera. Mis disculpas, evidentemente te la doy por válida porque es culpa mía.

Esta pequeña anécdota de mi experiencia en el examen del laboratorio de Botánica es la razón por la que enraicé en mi mente la importancia de que nuestras plantas (y alimentos) crezcan en ambientes lo más alejados posible de la contaminación.

Pero bueno, para reconectar en plena ciudad —siempre visualizo Madrid porque es la más grande en la que he vivido hasta ahora— puedes hacerte con una planta, pero otra opción es ir a uno de los pulmones de la ciudad y descalzarte. Lo que lees. ¡Estoy tan emocionada de poder al fin hablarte sobre este tema! Ay, se nota que me encanta. Te presento el *earthing* o *grounding*.

EARTHING O GROUNDING

«No andes descalza». Esta mítica frase te la puede soltar cualquier madre o padre, familiar o persona que no sé por qué piensa que hacerlo equivale a que el suelo se convierta en lava.

Muchas de las cosas que te estoy contando en este libro las practico desde que tengo uso de razón, lo que pasa es que, en primer lugar, no tenían nombres chulos en inglés y, en segundo, no sabía que estaba haciendo cosas tan beneficiosas para mi cuerpo.

¡Toda la vida andando descalza y yo sin darme cuenta de que practicaba *earthing*! Desde que era pequeñita me encanta descalzarme y pisar el césped. Mis padres siempre se preguntaban por qué y añadían: «No andes descalza, anda».

La respuesta es que andar descalza sobre la hierba me hace sentir bien. Muy bien. Y a ti también, por eso a lo largo de todos estos párrafos te voy a animar a probarlo.

¿Nunca habías oído hablar de estos conceptos? No te preocupes, a continuación te hablaré de ellos en profundidad.

El *grounding* o *earthing* (o como quieras llamarlo en castellano) es el simple hecho de estar en contacto con cualquier parte de tu cuerpo con la tierra (*earth*) o el suelo (*ground*). Así de simple. Te invito a que hagas este ejercicio siempre que puedas. Camina con tus pies libres por la hierba, la arena, la tierra… Evidentemente con *sentidiño*, ¡mira dónde pisas! Pero sobre todo siente la conexión con la naturaleza más fuerte que nunca. Nota cómo tus pies se hunden en la tierra, cómo te conecta con el presente, cómo cada célula de tu cuerpo está sintiendo esa conexión con la naturaleza que hace tanto que no te permitías sentir. Cierra los ojos y disfruta de esta increíble sensación que seguro que nunca experimentaste en todo su esplendor.

Si ahora mismo tienes la oportunidad de hacer earthing o grounding, descálzate y siente la tierra bajo tus pies. ¿Te ha costado hacerlo? Si es así, ¿a qué crees que se debe? ¿Qué sensaciones sientes después de haberlo hecho?

_____

_____

Mira, te compro que me digas que tú ya andas sin zapatos por la playa, pero ¿realmente eres consciente de cada pisada que das en la arena? ¿O vas en modo automático paseando por la playa sin sentir lo que está bajo tus pies?

El *earthing* es volver al presente y disfrutar de nuestra conexión con la naturaleza saliendo de ese modo automático que cada vez está más y más arraigado en nuestra sociedad. Eso es lo difícil, ¡y no quitarse los zapatos!

Poner los pies en el suelo, sin zapatos, reduce la inflamación, refuerza el sistema inmune, ayuda a la cicatrización de heridas y previene frente a enfermedades autoinmunes e inflamación crónica. El *earthing* modula el dolor y altera la cantidad de neutrófilos y linfocitos circulantes, además de afectar a factores químicos circulantes relacionados con la inflamación. Todos estos beneficios fueron muchos de los que vieron Oschman y Chevalier en su estudio científico, y no fueron los únicos.

Dos años antes, en 2013, Chevalier, Sinatra, Oschamn y Delany concluyeron en su estudio «Earthing (Grounding) the Human Body Reduces Blood Viscosity – a Major Factor in Cardiovascular Disease» que el *earthing* aumenta la carga superficial de los glóbulos rojos y, por lo tanto, reduce la viscosidad y la formación de coágulos en la sangre. **Descalzarte y estar «piel con piel» con la naturaleza es un acto simple, pero al mismo tiempo puede ayudar a reducir el riesgo de enfermedades cardiovasculares.**

Si aún no conocías este concepto, espero que ahora tengas más curiosidad por disfrutar de la experiencia y observar sus beneficios. Ojo, si te ha gustado el *earthing*, vas a alucinar con los baños de bosque.

BAÑOS DE BOSQUE

Mentiría si te dijese que no he abrazado árboles alguna vez en mi vida. Te mentiría, pero sí que es cierto que no es algo que haga muy a menudo, ni mucho menos todos los días.

La primera vez que me planteé abrazar un árbol fue «culpa» de mi madre y de su mejor amiga, a la que desgraciadamente el cáncer alejó de este mundo, así que me resulta imposible no acordarme de ella en estos momentos y me gustaría enviarle un abrazo enorme allá donde esté. Te echamos de menos.

Uno de los muchos días en los que ellas daban paseos por el bosque para sobrellevar su quimioterapia, las encontré en medio de la calle cuando ya habían terminado. De repente, me soltaron las dos con una sonrisa de oreja a oreja:

—¡Hoy estuvimos abrazando árboles!

Te imaginarás mi cara de niña adolescente incrédula por lo que acababa de oír salir de sus bocas:

—¿Qué?

—Sí, ¡es genial! Un día te vienes con nosotras y abrazamos árboles juntas.

Nunca llegó ese día. Maldita adolescencia. ¿Una adolescente en la edad del pavo iba a ponerse a abrazar árboles? Ni de coña, y qué gran pena, la verdad… Me arrepiento muchísimo porque habría sido un recuerdo superbonito de nosotras tres abrazando árboles. Se me están poniendo los ojos llorosos, así que voy a seguir como si nada.

Por mucho amor que le tuviese a la naturaleza no había llegado a ese punto aún. Y digo esto porque años más tarde… Sí, lo has acertado, estaba abrazando árboles yo sola, solísima, en medio del bosque.

Si te has preparado alguna vez para la selectividad (o como se llame el examen de acceso a la universidad en el momento en que leas esto), sabrás los nervios y la ansiedad que esto supone. Al menos para mí fue una experiencia bastante agobiante. Así que durante esas semanas de preparación lo que mi cuerpo me pedía después de estudiar era ir al bosque.

¡Y no sabes lo bien que me sentaba! Me sentía muchísimo más relajada, mis pulsaciones bajaban y mi mente se calmaba para así afrontar de nuevo el estudio al día siguiente.

El otro día vi un *reel* muy simple y sencillo en el que salía la frase **«forest = for rest»** y se me quedó grabada. Cuánta verdad en un vídeo de diez segundos.

¿Cómo es que algo tan simple como estar en el bosque lo sentimos tan lejano que hasta nuestro propio cuerpo nos ruega ir para reconectar con la naturaleza? Quizá sea porque, como decía el naturalista escocés John Muir, al que ya cité al inicio del capítulo, **en todo paseo con la naturaleza uno recibe mucho más de lo que busca.**

Hay muchos estudios científicos sobre los baños de bosque y sus beneficios para nuestra salud. Me interesa especialmente mostrarte la conclusión de uno de ellos realizado en 2024 y titulado «Shinrin-Yoku 森林浴 (Forest Bathing): A Scoping Review of the Global Research on the Effects of Spending Time in Nature».

Este trabajo de Amber L. Vermeesch y todo su equipo hacía una revisión de múltiples estudios científicos sobre cómo **los baños de bosque tienen efectos positivos en nuestra salud y se han convertido en una dosis prescrita por profesionales de la medicina de muchos países. Lo que lees.**

Las conclusiones del estudio sugerían que incluso las exposiciones breves al *forest bathing* son beneficiosas. Lo mejor de todo es que sesenta y tres estudios concluían que el baño de bosque es una modalidad poderosa para mejorar la salud y el bienestar tanto de nuestro cuerpo como de nuestra mente. Ya sea pasando unos minutos o unos días, disfrutando en el corazón del bosque o experimentándolo virtualmente, se ha demostrado que los baños de bosque alivian los síntomas negativos de salud mental y fisiológica.

También dedicaban un espacio a los aspectos del bienestar, como nuestra conexión con la naturaleza como componente espiritual, que aún no se han explorado lo suficiente en relación con los baños de bosque, por lo que los mecanismos exactos y los procesos subyacentes a través de los cuales funcionan siguen siendo objeto de investigación.

Recalcaban que era necesario evaluar la eficacia a largo plazo del *forest bathing* en comparación con otros enfoques terapéuticos establecidos antes de que el baño de bosque se introdujese en modalidades de tratamiento convencionales. En todo momento, los investigadores eran conscientes de que se necesitaban más estudios para comprender profundamente el índice terapéutico intrínseco del *forest bathing*.

Las investigaciones científicas que se analizaron para este estudio procedían de muchísimos países diferentes: Australia, Canadá, China, Finlandia, Alemania, Hungría, Italia, Japón, Polonia, Singapur, Corea del Sur, España, Taiwán e Inglaterra. ¡Superinteresante!

> Blondie *tip*: al final de este libro, te dejaré una bibliografía con los artículos científicos y la información que crea que pueda interesarte para indagar un poco más en todos los temas que trato en él.

¡Aunque todo esto viene de mucho antes! En 1980, los médicos japoneses ya prescribían los baños de bosque por sus numerosos beneficios para sus pacientes. Pero claro, ¿y la ciencia? ¡¿Dónde está la ciencia?! Porque, evidentemente, hoy en día se le busca a todo un enfoque científico.

Pruebas, queremos pruebas.

En 2017, Margaret Hansen, Reo Jones y Kirsten Tocch publicaron el artículo «Shinrin-Yoku (Forest Bathing) and Nature Therapy: A State-of-the-Art-Review», otra revisión interesantísima de múltiples tratados sobre los baños de bosque. En él explicaban que los humanos hemos estado menos del 0,01 por ciento de la historia de nuestra especie en entornos modernos, mientras que el otro 99,99 por ciento del tiempo lo hemos pasado en plena naturaleza.

Esto es algo que se nos olvida muchas veces: no siempre hemos vivido entre edificios y asfalto, de ahí que muchas veces nos sintamos atraídos por la naturaleza y notemos, directa o indirectamente, la importancia que tiene a nivel físico y psicológico para nuestro cuerpo. Quieras o no, percibes los efectos relajantes, calmantes y de asombro que nos produce el hecho de, por ejemplo, ver un atardecer, estar en un bosque, disfrutar de un parque lleno de verde en plena ciudad… ¿Verdad que tiene sentido? Piénsalo, ¿cuántas veces notaste una sensación de relajación pasados unos minutos en pleno bosque? ¿O paseando por la playa con los pies descalzos? Yo siempre que noto esa sensación, vuelvo a la ciudad de otra forma, como si dejase mi hogar, no sé cómo expresarlo… Cuando siento eso, a mi cuerpo no le falta razón.

La propia ciencia, como acabas de leer, te está demostrando que nos hemos desconectado de la naturaleza, y eso no nos hace ningún bien.

Vale sí, muy bien todo esto, Paula. Pero ¿cómo se hace un baño de bosque? Pues bien, hace unos años tuve la grandísima oportunidad de hacer un baño de bosque de la mano de una persona especializada en ello. ¡Increíblemente guay! ¿Te lo voy a contar porque sé que te gusta el cotilleo «natural»? Pues claro.

Fue una experiencia completamente diferente a cómo me la esperaba, así que te relataré mis sensaciones y todo lo que viví, porque cada profesional guía los baños de bosque a su manera.

Primero llegamos a un prado llano muy verde en el cual la persona que guiaba este baño de bosque nos invitó a hacer **lo que nuestro cuerpo nos pidiese.**

Si querías descalzarte, fuera zapatos.

Si deseabas tumbarte en la hierba, la hierba te esperaba con los brazos abiertos.

Si te apetecía sentarte en la hierba, adelante.

Hacías lo que tu cuerpo quería y, te parecerá una tontería, pero cada persona hizo algo diferente. Unas se descalzaron nada más, otras se tumbaron directamente en la hierba y yo opté por descalzarme y sentarme en ella.

Cuando todos ya habíamos dejado a nuestro cuerpo decidir cómo quería conectar con la naturaleza, la guía nos invitó a cerrar los ojos. Su voz era muy suave y armoniosa, perfecta para la ocasión y digna de un pódcast o un vídeo de ASMR. Cerré los párpados y mis oídos se activaron más que nunca. Nos pidió que escucháramos la naturaleza, que sintiéramos el canto de los pájaros, notásemos el viento que recorría todo nuestro cuerpo, conectásemos con nuestra respiración y abrazáramos la sensación de estar en armonía con la tierra. Después de esos minutos de meditación guiada abrí los ojos y comenzó el baño de bosque.

Dejamos el prado verde y hermosísimo a un lado y nos metimos de lleno en pleno bosque, un sitio precioso que, si pudiese incrustar la galería de mi móvil en este libro, verías la paz que transmitía. El primer ejercicio fue conectar con el bosque con todos nuestros sentidos. **Cada persona iba allá donde el cuerpo le pedía.** La chica que guiaba el baño de bosque hablaba muy pocas veces, solamente para darnos un par de indicaciones, el resto del tiempo éramos nueve personas en silencio fluyendo. Y a mí me encanta fluir, ¡así que te imaginarás lo feliz que estaba!

En mi caso, encontré un pequeño regato y quise ir a verlo y sentir el agua correr por mis dedos. Estaba fría, muy fría, pero no me importaba. Yo solo pensaba en lo increíble que es la magia de un baño de bosque. Digo *magia* porque estamos tan desconectadxs de la bella naturaleza que cuando le hacemos un poquito de caso es tan gratificante… Justo en ese momento un chico que estaba participando también en ese baño de bosque me sacó una fotografía. **En esa fotografía se ve la calma y asombro con la que estaba fluyendo en el baño de bosque.**

Después de ese ejercicio, pasamos al siguiente, que consistía en guiarnos por parejas, conocieras o no a la persona, por el bosque. Debías confiar en ella, porque durante mucho tiempo llevarías los ojos vendados.

Aunque el camino era sencillo, con algún que otro altibajo, fiarte de una persona que acabas de conocer para que te guíe por el bosque es otra experiencia increíble que, aunque al principio puede sonar rara, recomiendo.

La guía nos dijo que el bosque habla de forma aún más fuerte cuando tenemos los ojos vendados y cuánta razón tenía. Cuando me los tapé, me sentí indefensa. Muy indefensa. Sentí miedo y que me hacía cada vez más pequeñita. Por suerte estaba agarrada con fuerza al brazo de mi pareja de baño de bosque. Un gancho perfecto como el de las abuelas. La pareja que me guio durante todo el camino mientras hacíamos las paradas que ella consideraba para enseñarme el bosque sin verlo.

Así estuve durante todo el tiempo que duró: ciega, pero utilizando el resto de mis sentidos para apreciar lo que me rodeaba de una manera nueva y espectacular. Al tiempo que me hablaba, mi pareja de bosque cogía mi mano y la ponía, por ejemplo, en la corteza de un árbol para que notase su tacto, en un montón de hojas para que escuchase su crujido o en un helecho para que sintiese su firmeza.

A lo largo de todo el baño de bosque, utilizamos mucho el sentido del tacto, pero también el oído y el olfato. **Caminando podías experimentar los olores y sonidos del bosque en su máximo esplendor.**

Quedé encantada, qué quieres que te diga. Este baño de bosque lo pude disfrutar en el País Vasco gracias a una marca que me contrató para crear contenido en redes sociales de ese viaje. Esta era una actividad de las muchas que había durante ese viaje, pero sin ninguna duda fue la que más me marcó.

Finalizamos el baño de bosque con el sentido de la vista. Cada persona se puso donde su cuerpo le pedía y estuvimos allí unos veinte minutos en silencio. Cada persona debía visualizar el bosque y sentir toda su energía, un momento muy reflexivo en el que en mi caso tuve muchísimos pensamientos de agradecimiento:

«Gracias por poder vivir este momento».

«Gracias naturaleza por compartir conmigo tu grandeza».

«Gracias, tierra, por aportarme la tranquilidad que no sabía que necesitaba».

Es así como los baños de bosque nos ayudan a conectar con la naturaleza. Puedes hacerlos en solitario o en grupo, aunque la verdad es que siempre recomiendo ir al bosque en compañía, pues nunca sabes qué animal puede aparecer.

La cuestión es observar el bosque, en silencio (cuanto menos hables, mejor) y si puedes combinarlo con ejercicios de respiración ¡ya tienes el pack completo!

Ya hemos visto que hay incluso pruebas empíricas que demuestran que disfrutando de un baño de bosque mejoras tu salud mental, reduces el estrés, refuerzas tu sistema inmune, proteges a tu corazón (al reducir el ritmo cardiaco, se reduce la presión arterial), oxigenas tus pulmones más que nunca (la concentración de oxígeno y la humedad en el aire del bosque ayudan a respirar mejor)... Son tantos los beneficios que no puedo acabar este apartado sin decirte que pruebes algún día a hacer un baño de bosque para sentir lo que es disfrutar de la naturaleza siendo plenamente consciente de ella.

Si después de leer este capítulo ya no te parece tan raro abrazar árboles o hacer un baño de bosque, he cumplido mi objetivo.

Si llevas años y años de desconexión con la naturaleza, es normal que este tipo de actividades te resulten raras, de hippies. **Es totalmente normal que sientas eso, ¡te has desconectado!** Pero en el momento en que cambies el chip, tu cuerpo y la naturaleza te lo agradecerán.

Eres naturaleza, nunca lo olvides

ESCUCHA TU CUERPO

Escuchar mi cuerpo, menuda obviedad… Y, sin embargo, **¿cómo se puede escuchar tu propio cuerpo?,** ¿es como cuando oigo mis tripas?, ¿qué significa realmente esta frase que tanto se usa en los últimos tiempos?

Resulta obvio pensar que escuchas a tu cuerpo porque en tu día a día sabes perfectamente cuándo tienes hambre o cuándo tienes que ir al baño, pero esto va más allá. Es un cúmulo de factores como el descanso, la alimentación, el ejercicio… **¿Descansas cuando tu cuerpo te pide parar?, ¿cuántas veces al día notas que necesitas ejercitar tu cuerpo?**

Eres naturaleza, ahora ya lo sabes, y la naturaleza siempre habla, aunque no la escuchemos o no le prestemos atención. Y lo mismo pasa con tu cuerpo. Quizá con el ritmo frenético que llevamos hoy en día, muchas veces nos olvidamos de escucharlo hasta que llega un momento en que te frena o colapsa directamente, como me sucedió a mí. Llegar a ese punto siempre supone una inflexión, aunque forzada por el hecho de que tu cuerpo no puede más. Ya te he contado en el capítulo anterior cómo fue para mí ese clic, y después de eso y tal y como entiendo la vida ahora, la verdad es que aprender a escuchar mi cuerpo es una de las mejores cosas que me ha pasado.

Por supuesto, yo misma aún sigo aprendiendo, pero sé que por algún sitio hay que empezar. Como yo tampoco le había dado mucha importancia a esto de la autoescucha, también tuve que empezar de cero. Si quieres ponerte manos a la obra y que yo te acompañe, te propongo que tu comienzo sea intentar contestar estas preguntas:

¿Qué es la alimentación intuitiva para ti?

_____

_____

_____

_____

_____

_____

¿Y la alimentación consciente?

_____

_____

_____

_____

_____

_____

Parecen lo mismo, pero son enfoques diferentes. Vamos allá, ¡te encantarán!

Alimentación intuitiva

La alimentación intuitiva consiste en permitir a tu cuerpo conectar con las decisiones de tu alimentación junto con el autocuidado de este. No voy a hablarte de nutrición, porque para eso ya hay multitud de profesionales que se han especializado en ello. Lo que pretendo es que también puedas hacer un pequeño clic de consciencia respecto a tener una relación sana con la comida, con tu cuerpo y con tu mente.

El concepto de alimentación intuitiva lo crearon en los noventa Evelyn Tribole y Elyse Resch, dos nutricionistas estadounidenses. En su libro *Alimentación intuitiva* hablan de los diez principios de este tipo de alimentación, que son los siguientes:

1. **Rechaza la mentalidad de las dietas.** Seguro que te suena leer en una revista, un libro o en internet formas de perder peso de una forma rápida y fácil siguiendo una dieta. *Well, this is not good...* No...

2. **Honra tu hambre.** Hablo por experiencia propia. Si nos privamos de comer cuando nuestro propio cuerpo nos está diciendo que tiene hambre, llega el impulso de comer en

exceso. Cuando sientas algún síntoma de que tienes hambre, haz caso a tu cuerpo y verás que es sabio, confía en mí.

3. **Haz las paces con la comida.** Durante años me privé de ciertos alimentos en concreto, lo que hacía que tuviese aún más ganas de comerlos, una experiencia nada recomendable si me preguntas. Entraba en un bucle en el que mi mente solamente pensaba en saborear ese alimento prohibido. Daba vueltas una y otra vez al hecho de no poder comerlo. Lo peor de todo es que después de ese rato de desesperación, cuando por fin comía chocolate (por poner un ejemplo), sentía una culpa enorme e innecesaria y lo hacía con ansias. Vamos, todo mal...

4. **Desafía a la policía de la comida.** Mantén muy alejados los pensamientos intrusivos como «qué bien que hoy comí el mínimo de calorías» o «qué mal, comí un trocito de pastel». Todo esto procede de la mentalidad de las dietas estrictas. Así que ten *cuidadiño*...

5. **Siente tu nivel de saciedad.** Escucha tu cuerpo, lo repito mucho, lo sé, pero es que hoy en día no lo hacemos en absoluto. Conectar con él escuchando las señales que te envía

y que te dicen claramente que ya no tienes hambre. Te ayudará mucho realizar pausas durante la comida para notar tu nivel de saciedad.

6. **Descubre el factor de satisfacción.** Comer es placentero, una experiencia que hace que tu cuerpo obtenga una satisfacción cuando le das alimento. Es así. Cuando comes lo que realmente deseas tu estómago se llena con una menor cantidad del alimento.

7. **Enfrenta tus emociones sin usar la comida.** Voy a abrirme un poquito, muchas veces, cuando me aburro, estoy enfadada o por pura ansiedad, recurro a la comida. Es algo que me reconforta en ese momento, pero las emociones siguen ahí. Eso se llama «hambre emocional», en realidad no tienes hambre, pero para afrontar dicha emoción recurres a la comida de forma muy brusca. Tienes que aprender a reconocer ese tipo de hambre y buscar otras formas de gestionar dichas emociones.

8. **Respeta tu cuerpo.** Honrando mi vena bióloga te diré que todo se basa muchas veces en la genética. Suena fácil decir «acepta tu cuerpo», pero es cierto que muchísimas veces

no podemos cambiar cosas de él aunque nos gustaría. Por ejemplo, nuestra talla de pie. Yo tengo la talla treinta y ocho de pie y, me guste o no, no puedo hacer nada al respecto. ¿Es algo que puedo cambiar? ¿Me obligo a calzar una treinta y seis? Respetar a tu cuerpo con la alimentación intuitiva, por ejemplo, también hace que te ayude a aceptarlo poco a poco.

9. **Siente la diferencia al hacer ejercicio.** Es muy distinto pensar en hacer deporte para quemar calorías que para que tu cuerpo esté fuerte, sano y enérgico. Actívate, muévete de la forma que tú creas conveniente, pues eres la persona que mejor conoce tu cuerpo. No te fuerces a hacer ciertos ejercicios si crees que no te vienen bien. En mi caso, durante muchos años competí en natación y mi cuerpo no está acostumbrado al cardio fuera del agua. No me frustro, sé que mi cuerpo prefiere hacerlo dentro del agua y lo respeto, así que no me fuerzo a hacer cardio «en seco», sino que hago fuerza, por ejemplo.

10. **Honra tu salud a través de una alimentación amable.** Este principio se basa en que no tienes que llevar una dieta perfecta para estar sano. Lo que comas no repercutirá en tu

cuerpo al instante, así que date el capricho que tu cuerpo te pida. Este punto va ligado al tercero y al cuarto. Sé consciente de lo que comes, sin perfecciones.

Para mí, la alimentación intuitiva fue un antes y un después en mi vida. Ya que pasé de sentirme culpable por comer ciertos alimentos a disfrutar de la comida, a ser más flexible y a escuchar realmente las señales que me manda mi cuerpo de hambre y saciedad.

> Blondie *tip*: la alimentación intuitiva no es una dieta ni su objetivo es que pierdas peso. La meta es que conectes con tu cuerpo, que comas lo que quieras, cuando quieras, sin sentir culpa porque sabes interpretar las señales que te está mandando tu «casa».

Esto me ha ayudado muchísimo a disfrutar de la comida. ¡Ojo, tengo incluso menos antojos por ello! Antes me pegaba muchísimos más atracones que hoy en día.

Ahora mismo, no me prohíbo comer ningún tipo de alimento (si tienes alguna alergia o intolerancia es evidente que tu cuerpo no los tolera o no te sientan del todo bien), ni me enfado si como un alimento porque tiene X calorías. Soy capaz de apreciar cuándo mi cuerpo me está pidiendo un alimento por estrés o aburrimiento, mientras que antes no conseguía apreciar eso. Ahora sé cuándo estoy llena y procuro no seguir comiendo por cuestiones emocionales y no físicas.

Si mientras lees este libro quieres saber cómo empezar en la alimentación intuitiva, tienes que poner el foco en cómo tu cuerpo te da señales de saciedad. Lo primero es parar y concentrarte un segundo. Hazte preguntas como:

- ✓ ¿Realmente tengo hambre o estoy comiendo por comer?
- ✓ ¿Me he llenado?
- ✓ Ahora mismo, del 1 al 5, ¿cuánta hambre tengo?

Desde que era pequeñita, siempre dejo algo en el plato. Siempre. Esto es algo que mis padres nunca entendían… pero ahora me doy cuenta de que desde que soy pequeña hago caso a mi cuerpo en cuanto a mi saciedad. Es algo que sigo aprendiendo año tras año, pero como te decía antes la alimentación intuitiva me ha ayudado muchísimo a diferenciar el hambre física de la emocional.

Te doy la bienvenida a la alimentación intuitiva y te animo a leer más sobre ello. Esta es mi experiencia personal y te descubro este concepto por si quieres informarte más, cada situación es un mundo así que, si crees que es necesario, siempre te recomendaré hablar con un profesional del ámbito de la nutrición que trate este tipo de temas.

Alimentación consciente

El concepto alimentación consciente o *mindful eating* está bastante ligado al de *slow living*. No voy a extenderme con una definición formal o supertécnica, porque creo que es mejor hacer un ejercicio rápido con el que lo vas a entender en un segundo. Cuando comes…

- ✓ ¿Tienes el móvil en la mano? **Sí/No**
- ✓ ¿Estás pendiente de todo lo que está pasando a tu alrededor? **Sí/No**
- ✓ ¿Ves la televisión? **Sí/No**
- ✓ ¿Prestas atención a lo que estás comiendo? **Sí/No**

Ya te habrás dado cuenta de que todos los temas que tratamos en este libro tienen una base común: nuestra enorme desconexión con la naturaleza y, en general, con todo lo que nos rodea. Y dentro de ese todo está también el no prestar atención a nuestras sensaciones corporales, a nuestros sentidos, cuando estamos comiendo. Este es otro clic importante en el que vale la pena poner el foco para intentar cambiar. Te beneficiará de forma muy positiva y además te relacionarás mejor con la comida y las personas que estén a la mesa.

Así pues, la alimentación consciente se basa ni más ni menos que en apreciar el momento presente cuando estamos comiendo. **Disfrutar de los olores, sabores y texturas, disminuir ese afán de velocidad.** Relájate, ¡que no estás en medio de una maratón mientras comes!

Soy consciente de que muchas veces es probable que no tengas el tiempo disponible que te gustaría para bajar el ritmo, ya que la pausa para comer está muy marcada en algunos ámbitos laborales… Pero por lo menos te animo a intentar ser consciente de lo que ingieres con todos tus sentidos, desde la gratitud y, si puede ser, sin distracciones externas como el móvil o la televisión.

> Blondie *tip*: intenta solo hacer estas tres cosas y ya habrás dado un gran paso en la alimentación consciente: evitar estímulos externos, masticar más despacio y prestar atención con todos tus sentidos a la comida.

Cuerpo y movimiento

Es igual de importante escuchar lo que nuestro cuerpo tiene que decirnos con respecto a la alimentación que al movimiento.

Sinceramente, soy la primera a la que le da vergüenza lanzarse a bailar en medio de una discoteca. No me preguntes el porqué, pero cuando pasas esa fase de vergüenza, ¡qué bien sienta mover el esqueleto fluyendo como el cuerpo te pide!

¡Adivina! Resulta que mover nuestro cuerpo y, sobre todo, dejarlo fluir en ese movimiento, también es conectar con la naturaleza, con tu naturaleza.

Evidentemente el ejercicio físico ayuda a que nuestro cuerpo esté sano y activo, pero seguro que alguna vez has vivido esa situación en la que no te apetecía nada hacer deporte y después de practicarlo (aunque fuesen diez minutos), tuvieses un pensamiento de «¡Qué bien me ha sentado!».

Esto sucede porque todo nuestro cuerpo nos ayuda a comprender el entorno. La vida que llevamos en la actualidad, en general con muchos trabajos de oficina, es muchísimo más sedentaria que la de nuestros ancestros. Por poner solo un ejemplo, piensa en cómo nuestros antepasados tenían que desplazarse mucho más a menudo andando porque no había tantas opciones de transporte, además muchas veces trabajaban en el campo o en las fábricas haciendo trabajos muy físicos. Había muchas más circunstancias en sus vidas que les hacían tener el cuerpo en movimiento. De la misma forma, en nuestra niñez es normal jugar, moverse, explorar y descubrir el mundo a través del ejercicio físico sin darnos cuenta. Por eso, cuando reconectamos con el movimiento, lo hacemos con una parte perdida que se siente un poco como volver a casa, por eso se genera ese bienestar.

Así que esto solo es un pequeño recordatorio de lo importante que resulta mover nuestro cuerpo, nuestra casa. **Sin agobios.** Si quieres fijarte un objetivo de ejercicio físico, adelante, si no adelante también. **Escucha tu cuerpo, él te dirá qué hacer en cada ocasión, eso nunca lo dudes.**

No olvides que cuánto más muevas tu cuerpo ahora, más te lo agradecerá dentro de unos años.

Energía, productividad y ciclo menstrual

Nunca en mi vida pensé que hablaría de mi menstruación, pero aquí estoy, ¡fuera tabúes! Y es que… ¡menudo tema! Si la tienes, me vas a dar las gracias con este capítulo. Bendito el día en que descubrí la relación del ciclo menstrual con nuestros ritmos de energía y productividad.

Este es un tema del que ya hablé en mi pódcast *Como una luciérnaga* (disponible de forma gratuita en todas las plataformas que te imagines), pero quería también hablarte sobre ello y que quedase plasmado en este libro.

> Blondie *tip*: aunque no tengas la menstruación, este tema te interesa porque te ayudará a empatizar mejor con las personas de tu alrededor que sí la tengan.

Te prometo que yo antes no sabía de este tema y cuando empecé a leer sobre ello, **todas las piezas encajaron.** ¿Sabes cuando estás viviendo una situación en la que nada encaja y un día de la nada te llega la pieza que termina todo el puzle? Pues me sentí tal que así cuando investigué sobre este tema. Durante toda mi vida no entendía por qué había días en los que tenía muchísima energía y era superproductiva, y en cambio, otros en que estaba con la energía por los suelos. Estos cambios siempre me desconcertaron.

Incluso es algo que me ocurre al escribir este libro, pero, evidentemente, no puedo decirle a mi cuerpo «Oye, voy a escribir un libro, ¿puedo no tener picos de baja productividad?». Así que intento fluir mientras lo escribo, escuchando mi cuerpo con mi ciclo menstrual.

Entender mejor tu ciclo menstrual te ayudará a llevarte mucho mejor contigo, a empatizar con tu cuerpo y con tus raíces. Parece una tontería, pero interiorizar esto es como tener un as en la manga que cambiará muchísimas cosas de tu día a día (y te lo pondrá muchísimo más fácil). **Si tienes la menstruación, eres una persona cíclica y, cuanto antes lo asumas, mejor, porque esa es tu naturaleza.**

¿Qué más te puedo decir de la productividad en nuestra sociedad que no sepas? Siempre se nos exige una alta productividad, a un ritmo constante y frenético… No hay momentos de quietud ni calma. En esta sociedad sobreproductiva no se concibe un momento de reposo, grave error. Esto no tiene ningún sentido una vez entiendes que eres una persona cíclica. **No puedes asumir los ritmos de productividad que exige la sociedad porque esta es lineal y tú no.**

Antes que nada hay que entender el ciclo menstrual. ¿Qué es? **El ciclo menstrual se produce por una serie de cambios hormonales que experimenta tu cuerpo todos los meses durante una media de veintiocho o veintinueve días** (esto es muy variable, ya que hay personas que tienen menstruaciones muy constantes y otras más irregulares).

Mi menstruación, por ejemplo, es bastante regular, excepto cuando estoy en épocas de estrés y nervios. Ahí se vuelve loca y no aparece hasta que me calmo y cuando lo hace... Ay, cuando lo hace... Menudos dolores. Mi *cuerpiño*, ¡qué sabio es! ¿Cómo va a desprenderse de tantísima cantidad de sangre si está en un momento en el que la necesita? **El cuerpo es muy sabio, nunca lo pongas en duda.**

El caso es que estos cambios hormonales hacen que tu cuerpo tenga unos niveles de energía determinados y por ello tendrás una productividad mayor o menor. Por eso, te voy a explicar las diferentes fases del ciclo menstrual, para que entiendas los estados por los que pasamos durante todo el mes:

- **Fase menstrual.** Es la primera del ciclo y tiene una duración máxima de siete días. Durante esta fase, al perder tanta sangre es normal que te sientas mucho más débil. Tu cuerpo se sentirá frágil e inflamado. Además, notarás que los procesos creativos y las tareas reflexivas te sientan genial, ya que tu cuerpo te pide calma.

Permítete tener una productividad baja, pues a lo largo de esta fase tu cuerpo te pedirá descanso y reposo. No luches porque él es más sabio que tú. Esta no es una fase de productividad, sino de pausa, en la que debes descansar siempre que puedas.

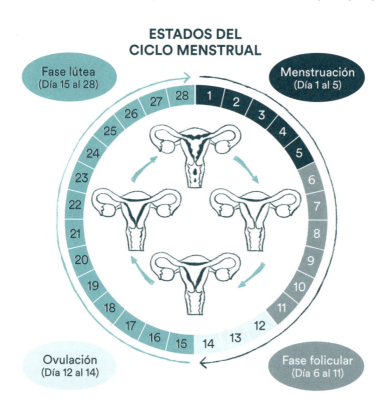

- **Fase folicular.** De media dura del séptimo día al catorceavo del ciclo. Después de la fase de sangrado, tu cuerpo ya puede asumir una mayor carga de trabajo porque hay un aumento de estrógenos, así que notarás un *boom* de tu energía social, vital y productiva.

Te juro que durante esta fase mis días tienen cuarenta y ocho horas. Seguramente te ha pasado y no sabías por qué, espero que ahora, entendiendo tu ciclo menstrual, estas piezas encajen. De verdad que yo no comprendía cómo durante esta fase podía ser tan productiva hasta que me detuve a reflexionar sobre mi ciclo menstrual. Si quiero introducir algún tipo de hábito en mi rutina, esta es la fase ideal para hacerlo y te animo a que lo tengas en cuenta, porque recibirás a cambio un empujoncito extra.

- **Fase ovulatoria u ovulación.** Esta ocurre a mitad del ciclo menstrual, sobre el día catorce. Repito, los tiempos son orientativos porque cada cuerpo es un mundo, pero en términos generales es así. La ovulación dura sobre tres días y tu energía social sigue en aumento hasta llegar a su pico más alto.

Si no quieres tener un bebé en los próximos nueve meses, *cuidadiño*, porque ahora es cuando tienes que andar con pies de plomo. Si quieres tener un bebé, *p'alante*, porque es el momento con más posibilidades de concepción. Aparte de esto, en esta fase **tienes una energía rebosante y fluyes con mucha más facilidad.**

- **Fase lútea.** Esta última fase del ciclo se desarrolla entre los días dieciséis y veintiocho aproximadamente. Los altos niveles de progesterona te ayudan a ser una persona mucho más resolutiva y creativa. En cambio, los niveles de socialización decaen, ya que tus niveles de energía empiezan a bajar. **Los cambios de humor son totalmente normales.** Por ejemplo, yo suelo estar mucho más sensible.

Después de la fase anterior (ovulación), mucho más enérgica, esta fase lútea te prepara para la menstruación. Es normal sentirte sin ganas, porque tu cuerpo te está preparando para un nuevo ciclo. Esta fase termina cuando los niveles de progesterona caen y, como consecuencia, comienza de nuevo la fase menstrual.

Después de la fase lútea, tu cuerpo te pide descanso para el comienzo del nuevo ciclo. ¿Entiendes ya por qué te recalcaba tanto que entender las fases del ciclo menstrual y sus cambios de energía te ayudaría muchísimo en tu día a día? Pues ahora ¡ve a gritar a los cuatro vientos todo lo que acabas de aprender! **Expande esta información porque cuanta más gente conozca este tema, mejor.** Cuanto mayor sea el número de personas que sepan que la energía y la productividad están tan ligadas al ciclo menstrual, todo será mucho más sencillo. **¡Si tienes la menstruación, no eres una persona lineal!**

Y, por último, quiero recomendarte que anotes tu ciclo menstrual, escribe tus sensaciones a lo largo de este donde quieras, en las notas del móvil, en un folio, en el calendario, en una libreta... Esto te ayudará a reconectar con tu cuerpo cada vez más y más.

RESUMEN DEL SEGUNDO CAPÍTULO

- Eres naturaleza.
- La naturaleza no te necesita, pero tú a ella sí.
- La alimentación intuitiva te ayuda a tener una mejor relación con tu cuerpo y la comida.
- La alimentación consciente supone estar presente en el acto de comer, disfrutando de las sensaciones y evitando pantallas o estímulos externos.
- El ciclo menstrual está ligado a la energía y productividad que sientes en tu día a día. Conocerlo te ayudará a entender qué debes hacer en cada fase menstrual.

3
EL SIMPLE HECHO DE ESTAR

> El que ama y entiende un jardín encontrará la alegría en su interior.
>
> Proverbio chino

A estas alturas supongo que ya te habrás dado cuenta de que conectar con tu cuerpo **—con tu naturaleza—** también significa frenar. Parar en este bucle en el que estamos sumergidos en nuestro día a día. En estos últimos años, se está produciendo un fenómeno que me frustra bastante y es que en redes sociales (y fuera de ellas en general) se fomenta la sobreproductividad, de la que ya hemos hablado un poco y que va totalmente en contra de nuestra naturaleza. Ya no es solo el hecho de producir, sino de hacerlo cada vez más. **Y más, y más, y más, y más, y más, y más…** Y podría seguir porque no estoy exagerando.

Como ya te dije en capítulos anteriores —y estoy segura de que por desgracia sabes de lo que estoy hablando— muchas veces mi cabeza es como el típico hámster metido en la rueda que no para de dar vueltas y vueltas. **Nos han metido con calzador que tenemos que producir todo el tiempo.** Todo el rato. Y las consecuencias de intentar aumentar tu productividad es que te estresas y tu salud empeora. ¿Y qué pasa si se juntan esos dos factores? Pues que somos menos eficientes. *Boom*. Sorpresa. La pescadilla que se muerde la cola. Es como el cóctel perfecto si lo piensas, el capitalismo está haciéndote creer que debes producir más y más cada vez, entrando en un bucle que a tu cuerpo evidentemente no le viene nada bien…

Y es que, si somos menos eficientes, querremos (y querrán) que produzcamos más. Cuanta mayor ansia de productividad, mayor estrés y peor salud. Lo dicho, un bucle sin fin. ¿O quizá sí que tiene final?

Desde hace unos años, ha surgido un estilo de vida muy guay en Holanda. Me hace muchísima ilusión presentarte el *niksen*. Y tú dirás «Genial, me he quedado como estaba…». ¡Veamos en qué consiste!

El *niksen* es el arte de no hacer absolutamente nada.

Niksen en neerlandés significa «no hacer nada», algo que nuestra mente tiende a relacionar con la vagancia. Reconozco que a mí me ha pasado y seguro que a ti también. Es habitual estar tomándome un día del fin de semana sin hacer nada y notar esa vocecita en mi cabeza decir «deberías hacer este recado», «ahora que tienes algo de tiempo puedes adelantar esto», «quizá podrías empezar ese curso nuevo».

¡No quiero aprender nada nuevo! ¡QUIERO NO HACER NADA SIN SENTIRME CULPABLE!

Ay, perdona, necesitaba soltarlo y me acabo de quedar muy a gusto.

¿Por qué nos cuesta tanto simplemente no hacer nada? No te preocupes, que ya me respondo a mí misma, ya que por ahora no puedo escucharte a través de una hoja, aunque me encantaría. **Nos cuesta tantísimo no hacer nada porque nos rodea una productividad tóxica.** Este concepto de productividad tóxica hace referencia a un exceso de trabajo a costa de tu vida personal, o sea, tener una dependencia excesiva de la productividad. Cuando solamente te sientes bien cuando produces y crees que es tu única forma de hacerte valer empieza el gran problema.

> Blondie *tip*: no necesitas nada para no hacer nada. Nada. Irónicamente no puedo darte ningún truco porque el truco principal es no hacer nada sin sentirte culpable. Fin.

Seguro que en el momento en que intentes hacerlo, te pasará lo mismo que a mí y volverá la vocecilla dichosa para hacerte sentir culpable por no estar siendo útil.

«Es que no tengo tiempo». Spoiler: eso es mentira.

Si no tienes tiempo de dedicarle a tu cuerpo un día, una hora o unos minutos sin hacer absolutamente nada es que sigues en la rueda del hámster. Estrés, movimiento y, por qué no, ansiedad. ¿Mi consejo? Mecachis, te dije que no te daría ningún *tip*, pero aquí voy o ¿es que acaso pensabas que no te iba a contar lo que me funcionó a mí después de muchos años sin parar?

Lo primero es concienciarte de que en algún momento de tu día tienes que tener tiempo para no hacer nada.

Un día me propuse tener unos minutos sin hacer nada e ir aumentando ese tiempo, sin agobios, cuando me viese preparada para que no fuese un cambio muy abrupto.

Por ejemplo, puedes empezar tumbándote en tu cama mirando al techo. Sí, sin hacer nada. O ir a un parque, sentarte en un banco y disfrutar de cómo pasa el tiempo, mirar a tu alrededor, conectar con el presente. Pasea observando cómo los rayos del sol inciden en el suelo, cómo sopla el aire fresco en tu cara. **Hazlo sin tener un propósito en concreto.** Disfruta de un buen té mientras observas cómo la cucharilla se mueve en círculos dentro de la taza.

Esos son algunos ejemplos para que te hagas una idea del concepto de no hacer nada, y guiarte mejor en tu proceso. Suenan rarísimos, ¿verdad? Pues sí, porque cambiar de un día para otro para mi es casi inconcebible, pero si tú lo has hecho, adelante. Yo es que soy muy sincera conmigo misma y como en mi caso sabía que no iba a cambiar de un día para otro, para no agobiarme, pues me puse un aumento muy paulatino (uso esta palabra porque «paulatinamente» y «paulatino» siempre me hicieron gracia porque llevan mi nombre. Perdón, prosigamos).

Lo mejor de todo es que darte cuenta y cumplir estos ratitos de no hacer nada te dará todos estos beneficios:

- ✓ Reducirá el estrés.
- ✓ Fortalecerá tu sistema inmune.
- ✓ Prevendrá que caigas en el famoso *burnout*.
- ✓ Aumentará tu creatividad.
- ✓ Te ayudará a mejorar tu humor.

¡Vaya, qué sorpresa! ¡Salir del bucle de la productividad trae más beneficios de los que te cuentan! Qué cosas... Estoy desvelando uno de los muchos secretos que la productividad tóxica no quiere que sepas.

Así que ya sabes, tírate en el sofá, en el césped, en un banco, pasea por donde sea y empieza a no hacer nada. No me refiero a que dejes tu mente en blanco, pero sí es muy interesante acostumbrarla a estar en modo improductividad. Y no, no vale darse un atracón de Netflix si escoges la opción de tirarte en el sofá, ni escuchar un pódcast para informarte a la vez que caminas. **No hacer nada significa nada, así que disfruta del aburrimiento con algo que no te proporcione dopamina.**

Blondie *tip*: fluye y no hagas nada.

Creo que cada vez evitamos más aburrirnos. Suena duro, pero es así, y cuanto antes lo asumas y te des cuenta de que no te puede dar miedo no hacer nada o aburrirte en solitario, menos tardarás en mejorar tu vida. Te lo prometo. Todo son beneficios a largo plazo. A fin de cuentas, estarás contigo toda tu vida, por lo que siempre es un buen momento para empezar a aprender a estar en tu compañía sin temer los pensamientos que puedan asaltarte.

RESUMEN DEL TERCER CAPÍTULO

- Permítete no hacer nada un rato cada día.
- *Niksen* en neerlandés significa «no hacer nada».
- Disfrutar de momentos sin hacer nada reduce el estrés, fortalece tu sistema inmune, previene el *burnout* y aumenta la creatividad y el humor.

4
TECNOLOGÍA: ¿DESCONEXIÓN Y/O CONEXIÓN?

> ¿Por qué esta magnífica tecnología científica, que ahorra trabajo y nos hace la vida más fácil, nos aporta tan poca felicidad? La respuesta es esta, simplemente: porque aún no hemos aprendido a usarla con tino.
>
> ALBERT EINSTEIN

Con toda sinceridad, aplicar el *niksen* o «no hacer nada» en estos tiempos en los que vivimos rodeados por la tecnología es complicado. Partiendo de la base de que la tecnología se puede utilizar de una forma correcta o incorrecta, quiero dedicar todo este capítulo a la era digital.

Relacionado con esto, me gustaría contarte una historia familiar que siempre me llamó la atención. En la aldea de mi abuela, donde vivía junto con mis bisabuelos, había un teléfono de cabina en su casa. Era una cabina pequeñita y estaba en medio del recibidor, nada más entrar por la puerta a mano derecha. Dentro había un teléfono y un libro con muchísimos números: la famosa guía telefónica. Me acuerdo perfectamente de la primera vez que mi abuela me enseñó esa casa de la aldea donde nació y la cabina telefónica, me quedé fascinada al ver un dinosaurio tecnológico en persona.

Llamo a la cabina «dinosaurio» (perdón, abuela) porque para mí era eso, algo superantiguo que no se solía ver muy a menudo. Mi abuela me contó que hace años si una persona de la aldea quería llamar por teléfono, iban a su casa y usaban la cabina, una forma de crear comunidad y facilitar recursos a los vecinos muy bonita (ambas cosas hoy algo olvidadas, aunque este tema me daría para otro capítulo).

Imagina una Paula pequeñita impresionada mientras miraba una cabina telefónica. Si viste *Del Revés 2*, yo era exactamente la emoción envidia, pequeñita y con ojos vidriosos, admirando aquella joya del Jurásico (perdón, abuela, de nuevo).

Hoy en día, los tiempos han cambiado y literalmente guardamos un ordenador en nuestro propio bolsillo. Podemos hacer casi cualquier cosa con nuestro móvil, conectarnos con todo el mundo pero, a la vez, necesitamos desconectar. Parece un acertijo de esos de solución imposible, pero te invito a que lo explores y reflexiones conmigo en torno a este tema, porque puede brindarte unos beneficios y una paz que ni te imaginas que sea posible. ¡Vamos allá!

¿SE PUEDE DESCONECTAR UTILIZANDO EL MÓVIL?

Qué incongruencia, ¿no? Desconectar a través de un móvil. Pues sí, creo firmemente que esto es posible. Muchas veces asociamos todo lo que tiene que ver con la tecnología a estar todo el tiempo delante de la pantalla, pero, en mi caso, utilizo mi móvil para desconectar y te voy a dar algunas ideas para que tú también lo puedas poner en práctica como parte del proceso de bajar el ritmo y reconectar contigo:

- **Después de un día cansado siempre apetece relajarse.** Yo tiro mucho de Spotify o de YouTube para buscar una meditación guiada, la que mejor me convenga en ese momento, y disfruto de ella durante un paseo, tirada en la cama o dándome una ducha/baño. El efecto relajante al que te llevan las meditaciones guiadas es indescriptible y te animo a que escuches una algún día, te aseguro que no te arrepentirás. Sigue las instrucciones de la meditación y tu cuerpo se relajará prácticamente al instante.

- **Cuando echas de menos la naturaleza.** Muchas veces cuando estoy lejos de la naturaleza por trabajo o por falta de tiempo, busco en YouTube sonidos de esta, vídeos de casi dos horas con paisajes sonoros relajantes de pájaros, lluvia, hojas, riachuelos, viento... Te teletransportará a pleno bosque y te hará desconectar un ratito. Bendito móvil, he perdido la cuenta de la cantidad de veces que busqué sonidos del bosque o de la naturaleza.

- **Aprender un nuevo hobby.** *Ecoprint*, cerámica, crochet, dibujar y/o colorear mandalas, pintar con acuarelas... Puedes encontrar cualquier tutorial que se te ocurra con una simple búsqueda y un clic. Para mí es terapéutico y no sabes lo mucho que desconecto aprendiendo una nueva afición mientras me concentro solamente en seguir el tutorial.

- **Charlar con alguien al otro lado de la línea.** Hablar por teléfono también nos hace desconectar al mismo tiempo que estamos conectados. Qué paradoja, pero es así. Yo soy una persona muy social y charlar con la gente me evade y me ayuda a desconectar de mis pensamientos durante un ratito. Ahora podemos llevar a todo el mundo en un bolsillo, cuando antes necesitábamos una cabina telefónica en una aldea y además podemos llamar a cualquier persona esté donde esté para salir de nuestra *cabeciña* y cambiar el chip al menos un rato.

Así que ya lo ves, desconectar con el móvil es posible, pero también tenemos que saber controlar nuestros impulsos para que esa desconexión sea efectiva. Por cierto, **¿cuánto tiempo utilizas tu teléfono móvil durante el día?** Piénsalo o míralo en tu dispositivo si no te lo habías preguntado nunca y empieza por ahí antes de seguir leyendo.

MI MÓVIL Y YO, UNA RELACIÓN TÓXICA DE DEPENDENCIA

Te mentiría si te dijese que estoy poco tiempo con el móvil. Y como no me gusta mentir voy a sincerarme y haremos un ejercicio práctico.

Desbloquea tu móvil y vete a ajustes. En iPhone busca «Tiempo de uso» y en Android suele llamarse «Bienestar digital». Ahí encontrarás tu media diaria de tiempo de pantalla. En mi caso, ahora mismo, en este mismísimo momento en que estoy escribiendo este párrafo, mi tiempo de pantalla de media diaria es de nueve horas y dieciséis minutos. Un 6 por ciento menos que la semana pasada según me indica mi querido móvil.

Guau. Nueve horas y dieciséis minutos. Mi récord está en once horas de pantalla y hablando de este tema con otras personas que se dedican a la creación de contenido sé que algunos incluso tenían trece o catorce horas de pantalla. Es una locura.

Ay, mis *ojiños* lo que están sufriendo, y mis cervicales también. Soy creadora de contenido, así que trabajo con el móvil prácticamente todo el rato, si no es grabando, es editando, publicando, compartiendo, contestando mails… Por desgracia, mantengo una relación muy tóxica con mi móvil y siento decirte que el 99 por ciento de la población también, y que tú muy probablemente estés dentro de ese enorme porcentaje.

Para que te hagas una idea de la gravedad, la OMS recomienda evitar exponer a menores a pantallas y reducir la exposición entre los más jóvenes para prevenir posibles adicciones futuras. Hasta han aconsejado que la infancia vuelva a jugar de verdad, sin pantallas. ¿No te parece muy fuerte que algo tan obvio y fundamental tenga que venir recomendado por una institución? ¡Debería ser de sentido común!

> Blondie *tip*: la OMS ya reconoce múltiples tecnoadicciones como la adicción a internet, la nomofobia (al teléfono móvil), a los videojuegos... Debes estar pendiente de tu relación con el teléfono móvil para detectar a tiempo futuras adicciones.

¿Me encantaría reducir ese tiempo de uso? Evidentemente. Y seguro que en tu caso también es uno de esos buenos propósitos que siempre nos hacemos y que casi nunca logramos. Yo ya ves que lo he reducido considerablemente en comparación con mi tiempo récord de once horas, pero la verdad es que voy a intentar seguir haciéndolo a través una serie de *tips* que espero que a ti también te ayuden a cumplir con el objetivo de la desconexión digital:

- **Utiliza los ajustes de tu móvil.** En el apartado de «Tiempo de uso» (iPhone) o «Bienestar digital» (Android) podrás acortar tu uso, limitando los tiempos de actividad. De este modo, podrás programar un horario de descanso en general u orientarlo a unas apps en concreto en las que pases mucho tiempo, por ejemplo, Instagram, TikTok, Twitter (ahora se llama X), Pinterest...

- **Haz limpieza de aplicaciones.** Muchas veces tenemos más apps de las que necesitamos y están ocupando nuestro espacio y, peor aún, nuestro tiempo. Al eliminar estas aplicaciones tendrás menos notificaciones, menos ganas de desbloquear tu móvil cada dos por tres para deslizar sin parar hasta darte cuenta de que llevas una hora en bucle.

- **Silencia el móvil.** Vibración, notificación, vibración, notificación... Desbloqueas el móvil por tonterías y, si tuvieras el móvil en silencio, no te darías ni cuenta. Soy muy fan de tener el móvil en silencio y solo activo el sonido cuando tengo algo importante que atender. Pido perdón a todo mi círculo cercano, que sufre esto a diario, pero poner el móvil en sonido para mí es una opción muy remota y destinada a situaciones puntuales.

- **En eventos sociales, móvil fuera.** ¿Cuántas veces te pasó mientras tomabas algo con tus amistades que de repente todo el mundo estaba con el móvil por pura inercia? Primero a una persona le llega una notificación de WhatsApp, luego otra quiere ver una foto en la galería, alguna consulta su agenda, etcétera. Lo mejor es dejar el móvil a un lado y volver a disfrutar del tiempo social sin tecnología. Al principio cuesta, no te lo voy a negar ni te mandaré apilar todos los móviles en una esquina. Cada persona tiene que ser consciente del mono que tiene con el móvil, así que déjalo a un lado y céntrate en el simple hecho de estar presente.

- **Mi mejor consejo si estás en época de exámenes es: apaga el móvil (o déjalo lejos de tu alcance en otra habitación o en un sitio inaccesible).** No hay mayor distracción que la tentación. Cuando estudiaba en el instituto y la universidad, siempre intentaba apagar mi móvil cuando me ponía a estudiar. Dejarlo en modo avión o en silencio para mí no era una opción porque sabía que el móvil estaba encendido. En cambio, si apagas el móvil, aunque lo cojas por pura inercia, verás que está apagado y te entrará la vagancia de encenderlo, esperar a que resurja de sus cenizas, meter el pin, etcétera. Vamos, que te amargará esperar, ya que, como te dije, somos una sociedad impaciente, así que apágalo y todo solucionado.

La desconexión digital es necesaria para nuestro cuerpo y, sobre todo, para nuestro cerebro. Todos los consejos anteriores te irán genial para bajar el tiempo de uso de las pantallas. Al final, como todo, es una cuestión de hábitos; al principio cuesta y se hace pesado, pero poco a poco lo irás integrando. Sobre todo, si tienes presente que es para un bien mayor: tu reconexión y mejorar tu salud física y mental.

DOPAMINA Y *SLOW CONTENT*

Desconectar y disminuir el tiempo de uso del móvil hará que dejes de tomar tu droga diaria, porque sí, es algo casi tan adictivo y nocivo como la relación con tu ex, pero entiendo que te cueste verlo, a mí me pasaba lo mismo.

Suena fuerte decir que es como una droga, pero, ojo, ¡que no lo digo yo porque me dé la gana! Es algo que han comprobado muchos estudios científicos como este del que te voy a hablar, publicado por la Universidad de San Francisco en la revista *NeuroRegulation*, donde aseguraban que **la adicción al uso de los teléfonos móviles hace que se creen conexiones neurológicas en nuestro cerebro de una forma muy parecida a lo que experimentan las personas que usan oxicodona para aliviar el dolor.**

Flipa en colores. En efecto, la oxicodona es un fármaco de la familia de los opioides que se vende bajo prescripción médica…

¿Por qué te cuento todo esto? Porque al igual que la tecnología te puede ayudar a desconectar como te contaba antes, debes ser consciente de cómo utilizarla para hacerlo de una forma sana. **¿Sabías que un «me gusta» en una publicación tuya en redes sociales te produce un chute de dopamina?** Esto puede parecer algo muy sano, pero no lo es.

La dopamina es un neurotransmisor que se encarga de llevar un mensaje en concreto a nuestras neuronas y desencadena una especie de circuito al que queremos siempre volver. Siempre, siempre, siempre, porque la dopamina le guuusta a tu cuerpo. Así funciona el circuito de recompensas que hace que busquemos sin cesar esa sensación. La dopamina nos da la felicidad, interviene en otras muchas funciones como la memoria o el aprendizaje, pero, en resumidas cuentas, quiero que te quedes, en este caso, con que es una de las moléculas de la felicidad.

Imagina una situación de felicidad o de placer, por ejemplo, ya que estamos hablando de redes sociales, recibir muchos «me gusta» en una publicación. Al ver la cifra de «me gusta», no todas las personas reaccionan de la misma manera y dependiendo de esto su cuerpo liberará más o menos dopamina.

Un «me gusta», un chute de dopamina.
Un comentario, un chute de dopamina.
Un «me gusta», un chute de dopamina.

Y así todo el rato...

Tu cerebro asocia que la recompensa social, un «me gusta», un comentario o cualquier reacción, le proporciona placer en un momento en concreto, así que cada vez querrá más y más. **Por eso, siempre buscamos más «me gusta», más interacciones, más todo.** Es un círculo vicioso y peligroso para todo el mundo, pero en concreto imagínate cómo debemos de sentirnos los que nos dedicamos a la creación de contenido... **Nuestro trabajo directamente depende del reconocimiento ajeno.** Aunque yo esté contenta con mi contenido y mis vídeos, siempre necesitaré la aprobación y la dopamina que surge de la aprobación de mi comunidad. Cuántos más «me gusta» tiene, supuestamente mejor es mi vídeo, cuántos más «me gusta», mayor *engagement*. Y así es como los que se dedican a la creación de contenido como yo debemos procurarnos una muy buena salud mental para poder salir de esta peligrosa rueda… En mi caso, estoy muy contenta con mi contenido, porque es fiel a mí, a mis valores y me divierto haciéndolo, pero te mentiría si te digo que no estoy pendiente del número que sale junto al corazón en la pantalla. Además, si la cifra de «me gusta» y el *engagement* es alto, las marcas —que son las que me pagan como creadora de contenido porque las redes sociales no pagan ni un euro por vídeo publicado— se fijarán en mi trabajo y mi contenido. La pescadilla que se muerde la cola. Cuántos más «me gusta», más trabajo.

Cuando empecé a leer sobre todo esto, sobre cómo afectaba la dopamina y su posible efecto de adicción en nuestro cerebro encontré el concepto de *slow content.* Si me sigues en redes sociales, quizá ya te lo he explicado en mis stories. En pocas palabras, y aunque parezca una perogrullada, el *slow content* es todo lo contrario al *fast content.*

El *fast content* es ese contenido muy rápido, de pocos segundos, con muchos estímulos durante todo el vídeo y clips creados para llamar tu atención en poco tiempo y que no pierdas ni un segundo con un parpadeo.

En cambio, el *slow content* se basa en contenido lento o que dura más de noventa segundos, con pocos estímulos, sin darle

importancia a la necesidad de captar desesperadamente la atención de la persona que está al otro lado de la pantalla.

La dura realidad es que el *fast content* está creando un monstruo que poco a poco cala en nuestra sociedad de forma muy sigilosa, prácticamente sin darnos cuenta y en muy poco tiempo. Hace unos años, cuando internet era más lento, teníamos paciencia si los vídeos no cargaban o duraban veinte o treinta minutos o si los capítulos de una serie no salían todos al mismo tiempo… **Pero en menos de quince años la capacidad de atención se ha reducido de doce a entre seis y ocho segundos.** Has leído bien: ocho segundos es el tiempo que un adolescente promedio de la generación Z aguanta prestando atención a un contenido antes de deslizar. ¿Cómo te quedas con este dato?

Y, sin embargo, siento decirte que la vida no se puede deslizar. Al igual que la comida rápida es muy dañina para nuestro cuerpo, el *fast content* sigue la misma dinámica para nuestro cerebro y reduce tu capacidad de atención a unos niveles nunca vistos… Imagínate lo que les cuesta hoy en día a los profesionales educativos que su alumnado atienda a la pizarra. No quiero ni pensar en lo complicado que es dar clase para captar la atención de adolescentes que están todo el día en redes sociales. ¡Incluso hoy en día aceleramos una nota de voz, dure el tiempo que dure!

Tenemos tanta información a nuestra disposición y la queremos de forma tan inmediata que estamos entrando en un bucle de no parar en gran medida fomentado por las redes sociales. Hace años teníamos paciencia, pero ¿ahora?

Lo dudo mucho.

Te propongo un reto. Escoge un vídeo de YouTube que te parezca interesante de más de diez o quince minutos. Anota aquí abajo el título y su duración. ¿Crees que vas a prestar atención hasta el final del vídeo? Cronometra el tiempo que tu mente está concentrada mientras lo ves. En el momento en que notes que tu cerebro se dispersa para el cronómetro. ¿Cuánto tiempo prestaste atención al vídeo?

_____

_____

_____

_____

Ahora ponemos cualquier audio que nos llega en x2 porque dura muchísimo tiempo, cuando literalmente ¡es un audio de treinta segundos! Por favor, date cuenta. ¡Date cuenta! ¡No es mucho tiempo, sino que no tenemos paciencia y todo va muy rápido!

Nos excusamos con la frase «Es que no tengo tiempo». ¿Cómo hacíamos hace unos años entonces? ¿Los días tienen menos horas y yo no me he enterado? Da para reflexionar… Seguimos con las mismas veinticuatro horas del día, lo que pasa es que vivimos en una sociedad que nos incita a correr, a escuchar todo con rapidez, a que todo nos lleve poco tiempo…

> Blondie *tip*: te recomiendo un ejercicio práctico que llevo haciendo desde hace más de un año: evita acelerar los audios o los vídeos, aunque tu mente quiera hacerlo. Pruébalo. Ya me lo agradecerás.

Por eso, muchos de mis vídeos son de *slow content*. Leyendo este párrafo quiero que la próxima vez que entres en redes sociales observes cómo te comportas mientras miras la pantalla. ¿Deslizas al segundo? ¿Cuando un vídeo dura más de quince segundos se te hace eterno? ¿Te altera los nervios si intentas no deslizar? ¿Has pasado de un vídeo de YouTube que te interesaba porque es muy largo?

En unos meses, me gustaría que volvieses a este mismo punto después de poner en práctica todo lo aprendido en este capítulo. Escoge otro vídeo largo diferente con una duración de más de diez o quince minutos. ¿Qué cambios has notado?

_____

_____

_____

_____

_____

> Blondie *tip*: en serio, tienes que hacer clic y salir de ahí. Tu cerebro te lo agradecerá.

HAZLO TÚ Y LO ENTENDERÁS TODO

Para dejar de lado las pantallas y las redes sociales, desde hace unos años me estoy aficionando muchísimo a los talleres de cualquier tipo, desde uno de cerámica o de mosaico hasta de *ecoprint*. No sé si es porque desde que tengo uso de razón he visto a mi abuela coser con sus propias manos en su librería, esa que leíste en la dedicatoria al principio del libro, la librería Jaime, situada en As Pontes de García Rodríguez en A Coruña.

Lo dicho, el caso es que desde hace unos años mi pasión por todo lo manual ha ido en aumento. Intenté buscarle un porqué y lo único que se me ocurrió fue pensar en que llevo toda mi vida viendo a mi abuela cosiendo y tejiendo año tras año y que me estoy haciendo mayor. Son las únicas respuestas que obtuve al hacer un poco de introspección. Por eso, me puse a indagar más sobre el hecho de por qué disfruto tanto al crear cosas con mis propias manos y ver el resultado en un periodo de tiempo bastante distendido.

Igual que nos pasa con el movimiento físico, muchas veces nos olvidamos de la etapa creativa en nuestra infancia. En la niñez descubrimos el mundo que nos rodea y la gran mayoría de las veces lo hacemos con las manos. Exploramos las texturas, los relieves, los colores, pero siempre utilizando dos sentidos primordiales: la vista y el tacto.

En esas etapas de la niñez, está más que asumido que interactuar con el entorno a través de las manos fomenta la psicomotricidad, la creatividad, el trabajo en equipo y el aprendizaje. Solo hace falta echar un vistazo a la cantidad de información que lo apoya tanto a nivel científico como si buscas en internet actividades manuales y observas los resultados que aparecen.

Pero ¿y cuando eres un adulto? Pues resulta que cuando creces hacer manualidades o, como está de moda decirlo, *do it yourself* (DIY), es muchísimo más beneficioso de lo que pensabas. No me refiero a los talleres a los que puedes acudir como te mencionaba antes, sino a todo tipo de actividades que supongan que tengas que hacer un producto, sea el que sea.

Hay muchísimos estudios científicos sobre los beneficios de crear cosas con las manos en la etapa adulta. En concreto, el de Min-young Chang, llamado «Exploring Natural Materials: Creative Stress-Reduction for Urban Working Adults», analizó el potencial terapéutico de introducir la expresión creativa con materiales naturales en un entorno interior (sin influencia del exterior, que como ya vimos tiene muchos beneficios) en profesionales urbanos que tenían buena salud física y mental pero que, en cambio, experimentaban unos niveles de estrés de moderado a alto y no tenían oportunidad de pasar tiempo en la naturaleza.

En esta investigación, se les pidió a todos los que participaban que expresasen un aspecto de su vida laboral a través de dos obras de arte: una con medios convencionales y otra con materiales naturales. **La gran mayoría sintieron un enorme alivio del estrés relacionado con el trabajo y disfrutaron de toda la experiencia senso-**

rial que surgió a raíz del trabajo manual con materiales naturales, y ojo, sin tener habilitades previas. Además, los que participaban aseguraban que se sintieron con más imaginación, se inspiraron para divertirse y reflexionar sobre sus vidas fuera del trabajo por medio de la expresión simbólica de reconectarse con la naturaleza a través del arte. ¿Cómo de guay es este estudio?

¡Y es que todos los beneficios de construir algo con las manos son una maravilla!

- ✓ Estimula la creatividad y el pensamiento creativo.
- ✓ Mejora la capacidad cognitiva y disminuye su deterioro.
- ✓ Reduce la ansiedad y el estrés.
- ✓ Mejora tus habilidades motoras.

Ya te lo comenté al inicio del libro con el ejemplo de la escritura. **En este caso, construir algo con tus propias manos desencadena una serie de procesos mentales únicos que generan una sensación de bienestar.** Esto lo corroboraron en el estudio de Mia M. Birau, que analizó nada más y nada menos que ciento ochenta y un estudios de investigación, que se dice pronto, que exploraban los efectos potenciales de diversos tipos de actividades que involucraban un trabajo manual específico.

Así que ya lo ves, hacer algo con tus propias manos beneficia muchísimo a tu cuerpo y además te ayuda a poner en valor el producto artesanal.

RESUMEN DEL CUARTO CAPÍTULO

- Es posible desconectar con la ayuda de la tecnología, pero tienes que ser consciente de la importancia de escoger los contenidos correctos y el momento.
- El tiempo de uso de las pantallas es importante y reducirlo es primordial para seguir disfrutando de la vida offline.
- Los «me gusta» son la dopamina de la era digital.
- El *fast content* es perjudicial para tu cerebro, por eso, consumir *slow content* o contenidos con una duración superior a lo normativo te beneficiará a largo plazo.
- Si deseas pasar tiempo lejos de las pantallas y las redes sociales, lo mejor es mantener tus manos ocupadas.
- Construir cualquier cosa con tus propias manos te hará darte cuenta del tiempo que cuesta realizar ese objeto, algo que te proporcionará información sobre su valor real cuando vayas a hacer cualquier compra.

5
TUS COMPRAS IMPORTAN

> Solo cuando no quede aire para respirar nos daremos cuenta de que la economía no era lo más importante.
>
> PANDRIAN TROGLIA

Como este es mi libro, quiero tomarme la libertad de decirte que vivimos en un mundo obsesionado con comprar de forma compulsiva, una obsesión ligada por completo al capitalismo. Si no estás a la moda, no eres guay. Si no visitas centros comerciales en tu tiempo libre, no eres guay. Si no entras en ese círculo de consumismo, parece que eres un bicho raro.

Pues qué quieres que te diga, a mí me encanta ser ese bicho raro, ¡ojalá se ponga de moda!

Ser consciente de lo que compras es la base para que tu economía no se vaya al garete a la primera de cambio y para que te des cuenta de lo que consumes y bajes los pies a la tierra.

¿VALORAS REALMENTE LO QUE ESTÁS COMPRANDO?

Me encanta abrir melones, cuestiones que a veces pasan desapercibidas en nuestro día a día, pero que cuando se sacan a la luz se convierten en temas de debate. Así que voy a lanzarte uno: **cuando**

compras un producto, ¿en qué te fijas para hacerlo? Seguramente tus ojos irán primero al precio de dicho producto. Sí, voy a volver a nombrar el capitalismo y lo verás muy presente en este libro porque es una de las razones que han ayudado a la globalización, pero también a tu desconexión de la naturaleza. Una de cal y otra de arena, como la vida misma.

Como sabrás, el capitalismo tiene su origen en la Edad Media, desde que surgió la necesidad de comerciar a través de gremios y aparecieron las primeras instituciones bancarias y de crédito (capitalismo comercial). Aunque en aquel momento todo era muy de barrio y todavía se utilizaba el trueque como método de pago además de a través de monedas.

Luego llegó la famosa Revolución Industrial, ya lo dice la propia palabra, una revolución de producción en masa que daba lugar a una alta producción de miles de productos (capitalismo industrial). A partir de la Segunda Guerra Mundial, el capitalismo dio un giro hacia un capitalismo financiero, que es el que perdura hasta la actualidad.

Y hoy en día, aunque parezca que ya está todo inventado, se siguen produciendo cambios y dicho capitalismo financiero está evolucionando hacia otro más social o humanista. El mundo avanza a la deriva, así que o las grandes empresas cambian sus políticas ambientales y sociales, o el apocalipsis llegará antes de lo esperado… El problema es que este cambio de paradigma de pasar de capitalismo financiero a capitalismo social aún tiene que calar poco a poco en nuestra sociedad, ya que llevamos muchísimos años absorbiendo, directa o indirectamente, mensajes de este modelo.

Como te dije en el primer capítulo, soy creadora de contenido en redes sociales de sostenibilidad y *lifestyle* y un día se me ocurrió decirle al panadero de mi barrio: «¿Podría grabar un día cómo trabajas y hacer mi propia barra de pan?». Me dijo que sí al momento, así que fijamos un día y me planté en la panadería a las siete de la mañana para grabar todo el proceso de hacer una barra de pan.

Estuve desde esa hora hasta aproximadamente las doce y media y te prometo que salí de allí diciéndole **«No entiendo cómo podemos quejarnos del precio de una barra de pan»**. No me malinterpretes, evidentemente a nadie le gusta que le suban los precios, pero me refería al hecho de que no sabemos todo el trabajo y las horas invertidas que hay detrás de una simple barra de pan. No sabes todo el trabajo que cuesta hasta que te pones manos a la obra, nunca mejor dicho.

Lo que te quiero decir con este ejemplo es que al vivir esta experiencia afiancé mi idea de que la sociedad hoy en día no valora lo que está comprando. Vemos un número, cogemos el producto, pagamos y nos vamos. Normalmente los compramos en grandes tiendas, por lo que son precios con los que los comercios de barrio no pueden competir… ¿Este capítulo es única y exclusivamente para que valores el esfuerzo que hay detrás de cada producto? Sí, y si es un producto artesanal, aún más.

Pocas cosas me enfadan, pero una de ellas es el hecho de estar en una feria o un mercado de artesanía y ver cómo muchas personas tratan de regatear los precios, unos que a mi parecer están muy por debajo de todo el trabajo, las horas invertidas y los materiales de buena calidad que se utilizaron para hacer dicho producto.

Así que quiero lanzarte una pregunta al aire para que reflexiones:

¿Crees que valoras todo el trabajo que hay detrás de los productos que compras? ¿Por qué?

_____

_____

Un trabajo manual o artesanal, sea el que sea, supone un tiempo y una calidad que no encontrarás en productos fabricados en cadenas de producción a miles de kilómetros de donde vives. Así que valora los precios con justicia y piensa con *cabeciña*.

Nos hemos desconectado tanto de la naturaleza que indirectamente también lo estamos de cualquier tipo de proceso que conlleve una serie de tiempos.

En el momento que hagas el clic hacia un consumo consciente (y, por qué no, sostenible) será un antes y un después que me agradecerás eternamente. **Harás compras mucho más adecuadas, ahorrarás dinero, aunque de primeras te parezca lo contrario, y valorarás el trabajo ajeno.** En el primer capítulo, no te mentía, ya te dije que este libro iba a ser muy útil para ti.

Ahora, abriré otro melón, y es que quiero hablarte de la moda rápida o *fast fashion.*

FAST FASHION, PERO ¿A QUÉ PRECIO?

Las redes sociales tienen su lado bueno y su lado malo, y en el caso de la moda no nos están haciendo ningún bien… Cuando abres Instagram o TikTok es muy probable que veas un *haul* repleto de miles de prendas que hizo esa persona en una sola compra. **Te aseguro que no hay tiempo físico para vestirlas todas…** Si no sabes de lo que te estoy hablando, te animo a que algún día entres en TikTok y escribas en el buscador «*haul* ropa», alucinarás con la cantidad de vídeos que te aparecen mostrando montones y montones de ropa que fomentan el consumismo en jóvenes y adultos.

Si a esa búsqueda le cambias la palabra «ropa» por Shein (*ultra fast fashion*), Temu (*ultra fast fashion*), Zara (*fast fashion*) o cualquier marca de moda rápida, te asombrará la cantidad de ropa que estamos acostumbrados a comprar por el mero hecho de estar a la moda. Moda que, por cierto, condicionan las grandes marcas para que compres prendas todas las semanas, cuando hace años lo normal era comprarlas durante el cambio de temporada.

¿Eres consciente de la cantidad de prendas que saca al año cada marca? **En 2022, H&M introdujo en el mercado 40.000 artículos nuevos mientras que Zara «solo» la mitad, 23.000. En cambio, Shein puso en el mercado 1,5 millones de prendas, sí, lo que lees, unas dos mil prendas nuevas al día.** De ahí la diferencia entre la *fast fashion* o moda rápida (por ejemplo, Inditex) y la *ultra fast fashion* o moda ultrarrápida (Shein o Temu).

No hay planeta en nuestra galaxia capaz de soportar tal carga de contaminación. Ni en nuestra galaxia ni en cualquier otra en la que pienses. Este modelo de negocio lo único que pretende es aumentar sus ganancias, aunque arrase con todo el planeta. **Si te dijese que la moda ultrarrápida solo está destruyendo nuestro medioambiente te mentiría, porque esto también te afecta directamente a ti.**

En septiembre de 2022, la organización Greenpeace analizó 47 prendas de la marca Shein: 22 fueron en la web de Alemania, luego se analizaron 5 en Austria, 5 en Italia, 5 en España y 5 en Suiza y por último 5 en la *pop-up* que se abrió durante el Oktober-fest en Múnich. Sumando así todo 47 prendas en total.

El 15 por ciento de todas las prendas analizadas tenían sustancias peligrosas que superaban los límites reglamentarios de la Unión Europea, en algunos casos, de forma excesiva. Como dato «tranquilizador», el 32 por ciento de las prendas contenían niveles legales de dichas sustancias, aunque estaban muy cerca del límite máximo. De las 47 prendas analizadas, 45 tenían al menos una sustancia química peligrosa.

Se encontraron etoxilatos de alquilfenol (APEO, por sus siglas en inglés), formaldehídos, metales pesados en piezas metálicas y plásticas y en materiales revestidos, ácidos carboxílicos y sulfónicos perfluorados (PFSA, por sus siglas en inglés), aminas aromáticas, ftalatos, hidrocarburos aromáticos policíclicos (HAP, por sus siglas en inglés)... **Algunas de esas prendas eran ropa interior e incluso ropa infantil.** Te juro que me tiemblan las manos al escribir estos datos.

Los productos de la moda rápida están hechos para usar y tirar. Tal y como se indica en el informe de Greenpeace, «Los trapos sucios de SHEIN, un modelo de negocio basado en las sustancias químicas peligrosas y la destrucción medioambiental». **La producción de ropa se duplicó desde el año 2000 hasta 2014. En 2019, había 183.000 millones de prendas en el mundo, en 2020 todo se paró dejando «tan solo» 160.000 millones de prendas y, finalmente,**

en 2023, se cuantificó que en el planeta hay ¡206.000 millones de prendas!

En promedio, una persona compra un 60 por ciento más de prendas de vestir, pero las conserva la mitad de tiempo que hace quince años. Esta cifra, por desgracia, la conoce a la perfección el desierto de Atacama. Por si no lo sabías, este desierto es el vertedero más grande del mundo de ropa usada e incluso prendas sin usar con la etiqueta intacta. Hoy en día se produce tal cantidad que, aunque muchas estén como nuevas, si no se venden, se queman, incineran o entierran. Montones y montones de ropa se apilan a lo largo del desierto.

Si esta es la primera vez que buscas en Ecosia (buscador gratuito de internet que planta árboles con tus búsquedas) el desierto de Atacama, el basurero de la moda rápida, te prometo que las imágenes son abrumadoras.

No estoy culpabilizando a la persona que compra en este tipo de marcas, soy consciente de que cada uno tiene una situación económica y personal distinta. Estas marcas de *ultra fast fashion* tienen un punto positivo, por ejemplo, confeccionan unos tallajes muy amplios que quizá dicha persona no pueda encontrar en una más sostenible.

Lo que estoy cuestionando aquí es, por una parte, el modelo de negocio de dichas marcas de moda ultrarrápida y moda rápida, y a su vez, nuestros hábitos de consumo como sociedad:

1. Creernos la imposición de ir a la moda cuando es un ciclo sin fin.
2. El afán por comprar compulsivamente porque el precio es barato.
3. No fijarnos en la calidad de dichas prendas.
4. No priorizar la reparación de las prendas antes de comprar otras nuevas.

Ojo, aquí no menciono las condiciones en las que trabajan las personas que confeccionan las prendas y los productos en países asiáticos, pero no hace falta echarle mucha imaginación para saber que son infrahumanas.

En definitiva, siempre que puedas, intenta pensar bien si las prendas que quieres comprar las necesitas realmente o si es tu cerebro en modo bucle. Y ten en cuenta que se han hecho a miles de kilómetros, en condiciones insalubres, con tejidos de pésima calidad y sustancias químicas muy cuestionables como acabas de leer.

COMERCIO LOCAL

Quiero recalcar que no soy nada objetiva en cuanto a comercio local, ya que me he criado durante toda mi vida en la librería de mis abuelos en Galicia. Igualmente voy a ser lo más objetiva posible porque el comercio local tiene muchos beneficios y siempre es un acierto.

Una pregunta antes de nada: **¿en qué momento hemos normalizado comprar productos que se fabrican y viajan miles y miles de kilómetros en medios de transporte contaminantes cuando tenemos los mismos en nuestros propios barrios?** Esta pregunta me la he hecho muchas veces y siempre llego a la misma conclusión: la inmediatez de comprar con un solo clic y que todo te llegue a la puerta de casa. Hace años cuando se hacían pedidos online, era normal que llegase en un par de semanas. Hoy queremos que aparezca en nuestra puerta en el mismo día o veinticuatro horas después.

Nos hemos enganchado a la inmediatez, una adicción que está ligada a lo que ya hablé con anterioridad: el capitalismo, las redes sociales y el ritmo acelerado de nuestras vidas, una mezcla que crea un problema fantasma que no se ve, pero está ahí.

> Blondie *tip*: ser consciente de tus compras ayuda más a nuestro planeta de lo que crees.

Quiero que hagamos dos ejercicios prácticos, el primero es que escribas qué comercios recuerdas de tu barrio, da igual si son fruto de tu niñez, adolescencia o etapa adulta. Seguro que hay muchísimas tiendas que tienen un rincón en tu corazoncito que sigue llenándose de amor cuando vuelves a visitarlos y al entrar te dicen «Buenos días», «¿Qué tal estás?», «¿Cómo va la familia?», «¿Al final aprobaste las oposiciones?»; esas preguntas que no te hacen si entras en un comercio de una gran cadena.

O quizá te acuerdes de esos comercios locales porque ese rincón de tu corazón se apagó cuando te enteraste de que cerraban.

_____

_____

_____

_____

El segundo ejercicio consiste en que pienses los productos que has comprado en los últimos meses online a grandes cadenas y cuáles de ellos pudiste haberlos encontrado en tu barrio con un poco de búsqueda activa en la calle:

Es duro, pero si lo piensas, ¿te imaginas todas las calles que conoces sin comercios locales? Serían calles zombis donde tranquilamente se podría grabar una película con ambientación apocalíptica. El comercio local nutre nuestros barrios, se preocupa por ti y lucha cada día por sobrevivir frente a las grandes cadenas. Se me rompe el alma cuando veo algunas personas de mi círculo que compran productos online por el mero hecho de que les lleguen a casa en vez de bajar a la calle y pedirlos en un comercio local.

Como te dije, cada persona es un mundo y tiene sus circunstancias, pero la gran mayoría caemos en el clic fácil. **El pequeño comercio no puede hacer frente a los descuentos de una gran cadena, pero sí puede preocuparse por ti.** Si no llegas a final de mes, puede que algún día oigas un «Ya me lo pagarás cuando puedas, no te preocupes».

Si entras por la puerta y llevas mucho tiempo sin ir, tal vez escuches un «¿Qué tal te va todo? Hace mucho que no nos vemos».

Si llamas para que te reserven un producto, te dirán «Ven cuando quieras, que yo te lo dejo aquí apartado».

> Blondie *tip*: las grandes cadenas no te dan nada, solo son un monopolio que está terminando con el comercio local, tan típico de España y lleno de cercanía y familiaridad .

«El barrio es aquello que nos ancla a lo que somos, a nuestra identidad. Un comercio local hace barrio, lo gestionan personas del barrio, ayudan a la gente del barrio. Sin ellos se pierde mucho más de lo que pensamos… Perdemos nuestra identidad». Estas fueron las palabras que usó la agencia de publicidad andaluza La Vecina cuando les pregunté cómo definirían con sus palabras qué aporta un comercio local al barrio.

Esta agencia ayuda a pequeños comercios locales de toda España. Además, tienen justo en el bajo de la agencia, ubicada en Cádiz, La Tienda de La Vecina, repleta de marcas locales. Este es un comercio local lleno de alegría y de reivindicación para luchar por la supervivencia del barrio y sus establecimientos. Hace unos meses, uno de sus vídeos se hizo viral. «¿Por qué?», te preguntarás. Pues porque mostraban cómo las personas mayores iban a su tienda simplemente a charlar y pasar el tiempo.

La soledad en la vejez es un problema invisible, pero está ahí y no sabes lo mucho que ayuda a las personas mayores acudir al abrazo del barrio. El barrio y el comercio local forman parte de nuestras raíces, nos vieron crecer y ahora es tu oportunidad de devolverles todo el cariño. **Espero que este capítulo te haya hecho reflexionar sobre la importancia de cuidar nuestro comercio local y ojalá te** animes a volver a tu barrio, porque él siempre te estará esperando con los brazos abiertos.

RESUMEN DEL QUINTO CAPÍTULO

- El consumismo está muy arraigado en nuestra sociedad.
- Antes de comprar un producto, cuestiona su calidad y durabilidad en función del precio.
- Muchas veces, comprar un producto de buena calidad y algo más caro es la mejor opción para que perdure en el tiempo y no se creen tantos residuos.
- La moda rápida y la moda ultrarrápida están terminando con nuestro planeta. No hay tiempo físico para ponernos todas las prendas que hay producidas hoy en día, por eso se queman o entierran en países subdesarrollados.
- El comercio local nutre nuestros barrios, abraza la soledad de las generaciones más mayores y es un sinónimo de cercanía y familiaridad.
- Salvar el comercio local ayuda a evitar el monopolio de las grandes cadenas y a que nuestras calles no estén repletas de carteles de «SE ALQUILA».

6
TIPS SOSTENIBLES EN TU RUTINA DIARIA

> La naturaleza es inagotablemente sostenible si cuidamos de ella. Es nuestra responsabilidad universal pasar una tierra sana a las futuras generaciones.
>
> Sylvia Dolson

Aunque en los capítulos anteriores ya te he dado algunos *tips* para ser más sostenibles en nuestras decisiones cotidianas, sobre todo en lo que tiene que ver con moda y reducción de residuos, la realidad es que en **nuestro día a día podemos hacer aún mil y una cosas más para contribuir al bienestar del planeta.** El planteamiento más sencillo y aplicable a casi cualquier decisión cotidiana es el de «menos es más». Así que a continuación no te contaré las mil cosas más que se pueden hacer, pero sí veinticuatro de ellas. Quiero que este último capítulo sea práctico y a la vez un cierre conciso y sencillo que te anime a pasar a la acción con gestos que, ya lo verás, cuestan muy poco y valen mucho. He escogido las categorías que creo que más te pueden interesar para que pongas en práctica estos *tips* en tu vida diaria ¡desde ahora mismo! Estas son: alimentación, hogar, transporte, viajes y tecnología. Ojalá te inspiren, ¡vamos allá!

TIPS PARA UNA ALIMENTACIÓN MÁS SOSTENIBLE

1. Consumir productos de temporada. Tanto tú como yo nos hemos acostumbrado a que en todo momento haya cualquier cosa en el supermercado, desde un kiwi hasta una sandía pasando por una fresa, ¡cuando no son frutas que se dan durante todo el año! ¿Cómo puede ser? Muy fácil: si las ves fuera de su temporada en el sitio en el que compras habitualmente, quiere decir que las importan de otros países. ¿Y qué significa esto? Pues que esa fruta tiene casi más huella de carbono que Taylor Swift con su jet privado.

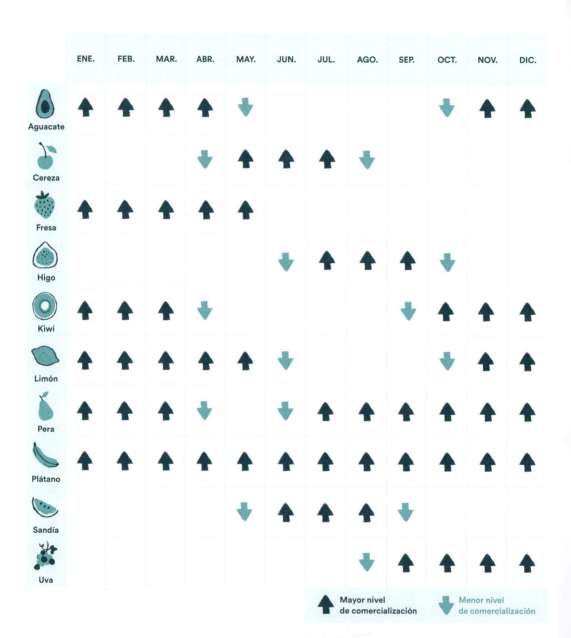

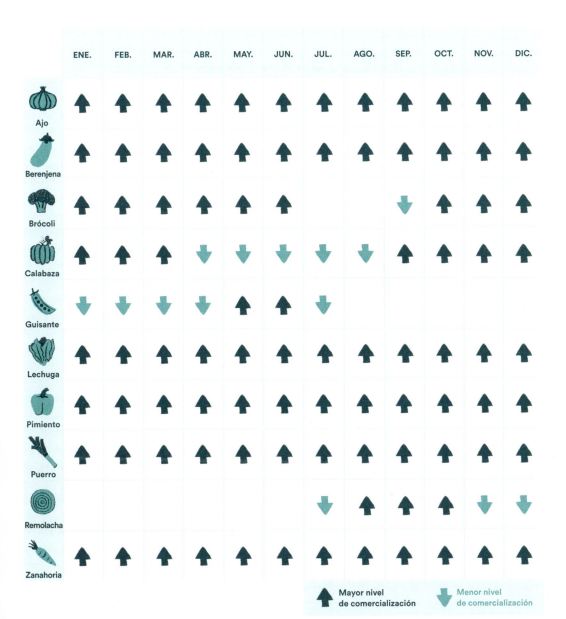

Fuente: Gobierno de España, Ministerio de Agricultura, Pesca y Alimentación.

2. Elegir productos ecológicos y/o alimentos locales. ¿Sabes realmente cómo identificarlos? Solo tienes que buscar en el envase del producto un sello ecológico, te dejo algunos más abajo para que puedas reconocerlos. El sello ecológico europeo es una hoja perfilada con estrellas sobre un fondo verde, aunque alguna vez lo encontrarás en blanco y negro por consonancia con el *packaging* del producto.

Que un alimento tenga este sello quiere decir que la empresa ha sido auditada y ha conseguido dicho certificado tras cumplir normas muy estrictas. Por ejemplo, con el sello del Consejo Regulador de Agricultura Ecológica de Galicia se acredita que los alimentos se produjeron en condiciones saludables para las personas, los animales y las plantas respetando sus ciclos de crecimiento. Se consiguen alimentos de una mayor calidad, sabor y con un mayor contenido de proteínas, vitaminas y minerales. Por supuesto, también son alimentos no modificados genéticamente, para los que no se utilizan herbicidas, ni fertilizantes químicos ni fitosanitarios que contaminen la tierra, el agua o el aire. Se protege el bienestar animal, la economía de comunidades locales (sobre todo en el mundo rural), se preserva la biodiversidad y mitiga el cambio climático.

Con lo de consumir alimentos locales me refiero a que si, por ejemplo, vives en un pueblo, seguro que cerca de ti hay productores que cultivan sus propios productos, anímate a preguntarles. Así cocinarás en tu casa con productos kilómetro cero y ayudarás a la economía de tu comunidad. En el caso de las ciudades, hacer algo similar no es tan complicado como parece. Cuando viví en Madrid, en mi barrio había una tienda de una cooperativa de personas que tenían sus huertos a las afueras de la ciudad y vendían allí sus productos. Así que un buen primer paso es buscar en tu ciudad agrupaciones de este estilo, que seguro que las hay. Otra opción, por supuesto, sería tener tu propio huerto urbano, pero soy consciente de que esta idea está sujeta a limitaciones de espacio y de recursos si en tu pueblo o ciudad no hay zonas destinadas a este tipo de iniciativas.

3. **¡Viva el compost!** El compost es un abono orgánico que obtienes a partir de la descomposición controlada de materia orgánica provocada por diferentes organismos (bacterias, lombrices, hongos, etcétera), y es un proceso que se realiza gracias a la presencia de oxígeno. Tener un contenedor de compost en tu casa te ayudará a compostar los alimentos que te sobren y así aprovecharlos en vez de

que vayan a la basura. Por ponerte un ejemplo, mis padres lo llevan haciendo desde hace unos años, porque el ayuntamiento regalaba composteras a todo el mundo y se han dado cuenta de que gracias a eso reducen casi a la mitad los residuos que generan. ¡No está nada mal para el poco esfuerzo que supone!

4. Comer menos carne y más vegetales. No te estoy contando nada nuevo, ¿verdad? Reducir tanto tu consumo de carne como de productos lácteos beneficia al planeta. En 2018, se publicó un estudio en la revista *Science* que indicaba que al menos el 25 por ciento de las emisiones anuales de gases de efecto invernadero correspondía al sector de la alimentación. De esta cifra, un 58 por ciento atañía a los productos animales y, a su vez, un 50 por ciento a la producción de carne de ternera y cordero. Este estudio recalcaba que según estos datos se podría reducir dos tercios la huella de carbono de los alimentos que consumimos eliminando el consumo de carne y productos lácteos de nuestra dieta.

Y más allá de los datos, quiero dar valor a otras cosas contándote mi experiencia personal. Yo nací en Galicia, donde el consumo de carne es bastante alto, por lo que evidentemente mi dieta durante casi toda mi vida ha consistido en consumir productos cárnicos a diario. Cuando me planteé cambiar mi alimentación tuve clara una cosa: no quería forzarme. Obligarme a crear un hábito nunca me ha funcionado, en mi caso solo consigue que desista antes… Así que empecé planteando un día a la semana sin carne, después dos días a la semana sin carne, y así paulatinamente, un cambio gradual para crear un hábito sin agobios. Gracias a esto, además, descubrí lo riquísima que está la comida de los restaurantes vegetarianos y veganos. **Si nunca te has animado porque piensas que ahí solo ponen lechuga, te animo a romper esa barrera mental y planear tu próxima salida a alguno.** ¡Estoy segura de que te sorprenderán! No te diré que cambies a una dieta vegana mañana mismo, pero te animo a fluir y a pensar que cualquier pequeño paso es importante en el propósito de ser más sostenibles.

5. Planifica tus comidas. Tener una organización a la hora de planificar tus comidas hace que compres lo que tienes anotado en tu lista y no cosas que tal vez luego no vayas a consumir. Muchas veces (me incluyo) llegamos a la compra y nos abrumamos con la cantidad de alimentos que hay a nuestro alrededor. «Ay, pues me apetece un boniato», «Quizá algún día pueda hacer una lasaña», «¡Anda, no sabía que había esta oferta de espárragos!»… Estoy segura de que estos son los pensamientos que rondan tu cabeza cuando no llevas una lista de la compra. ¿Pues sabes qué? Estos son muchas veces los que hacen que compres más comida de la necesaria y, como no se corresponden con ningún plan previo, acabas llenando tu basura de alimentos que no te dio tiempo a comer y se pudrieron. **En España, en 2022, cada hogar desperdició de media aproximada entre 65,6 kilos/litros de alimentos y/o bebidas, según se indica en el «Informe del Desperdicio Alimentario» del Ministerio de Agricultura, Pesca y Alimentación.** ¿Cómo te quedas?

6. **Envases reutilizables, tus mejores aliados.** ¿Cuántas veces llegaste de la compra y vaciaste todos los alimentos en la nevera y, de repente, ya tenías la basura llena de plásticos? Seguro que te suena esta situación. Comprar productos sin envase, a granel, hará que bajes muchísimas menos veces la basura a la semana. Si no lo haces por el planeta, **¡hazlo por pura vagancia!** Además, ahora muchos supermercados te permiten llevar tu propio envase reutilizable y poner allí tus alimentos de charcutería, pescadería o embutidos. Eso sí, asegúrate de que el envase está limpio, ya que en el momento en que pongan el alimento en este la responsabilidad ya es toda tuya. Envase reutilizable limpio y ¡a reducir residuos!

TIPS PARA UN HOGAR MÁS SOSTENIBLE

7. **La bolsa reutilizable será tu *must*.** Enlazando con el anterior apartado de alimentación, tener una bolsa reutilizable te ayudará a re-

ducir residuos de forma considerable. A modo de curiosidad, ¿sabías que hay un Día Internacional Libre de las Bolsas de Plástico? Se celebra cada año el 3 de julio y se utiliza para concienciar sobre el impacto negativo que tienen en el medio ambiente y promover su reducción.

Tristemente, es uno de los residuos que suelo encontrar cuando hago limpiezas de playa. La Asociación Internacional de Residuos Sólidos (ISWA, por sus siglas en inglés) estima que se utilizan alrededor de mil millones de bolsas de plástico cada año en todo el mundo. Una auténtica barbaridad.

Blondie *tip*: una bolsa de plástico puede tardar más de ciento cincuenta años en degradarse. Este término de «degradación» no significa que desaparezca por completo, sino que se fragmenta en microplásticos que se quedarán muchos años más en nuestro planeta.

8. Elegir electrodomésticos eficientes energéticamente. No te estoy diciendo que si tienes electrodomésticos en casa antiguos, los tires y te compres unos nuevos, porque eso no sería sostenible. Sin embargo, sí lo es que cuando se te estropee uno, compres otro energéticamente eficiente. Seguro que has visto mil veces las típicas

155

etiquetas que tienen una gama de colores de tres tipos de verdes, amarillo, naranja y rojo, junto con las letras de la A a la G. Esta es la calificación energética de los electrodomésticos y te ayudará a comprar el más eficiente que puedas permitirte con tu presupuesto. Por ejemplo, un A++ tiene un consumo de energía un 30 por ciento más bajo que la media, mientras que un G tiene un consumo superior al 125 por ciento de la media.

Así que, aunque esas pegatinas nunca te hayan llamado la atención ni le hayas dado muchas vueltas, ya te lo digo yo: optar por comprar un electrodoméstico energéticamente eficiente será un gasto en el momento presente, pero te ayudará a ahorrar mucho dinero y energía en el futuro.

9. Comprar muebles de segunda mano o de fuentes sostenibles. Ahora está de moda la segunda mano y, más aún, si es un mueble *vintage*. Pero poniéndonos en el caso de un mueble «normal», las aplicaciones de segunda mano te ayudarán a encontrarlos en muy buen estado o incluso nuevos por un precio mucho menor que en tienda. **Lo hecho, hecho está.** No hay nada más sostenible que eso.

Si optas por comprar muebles nuevos, te propongo buscar marcas que los fabriquen a partir de fuentes lo más sostenibles posible. Y ahora voy a abrir un gran melón, pero es necesario que sepas esto.

Un pino tarda una media de veinticinco o treinta años en tener la altura y el grosor suficiente para ser talado y aprovechado para madera de diferentes usos. En cambio, un eucalipto ronda los diez años solamente. ¿Qué nos dice esto? Pues que si el eucalipto tarda tres veces menos en crecer para ser aprovechado, el beneficio de las empresas será mayor en el periodo. Lo que ha supuesto esto en España es que sobre todo el norte, y concretamente Galicia, esté plagado de eucaliptos para la tala. Estos eucaliptos tienen muchísimos usos: desde papel hasta utensilios de cocina o muebles. Así que un mueble fabricado con madera de eucalipto es un poco más barato que el resto de las maderas, pero no es para nada sostenible.

Existen más de quinientas especies de eucalipto distribuidas de forma natural por Australia, Malasia, Filipinas, etcétera. Es una especie «de allí», en el sentido de que el eucalipto en España está desplazando a las especies autóctonas y causa graves problemas en nuestros montes. Empobrece las cadenas tróficas, altera las propiedades fisicoquímicas, bioquímicas y microbiológicas del suelo, tiene efectos negativos en la germinación de otras especies, provoca la pérdida de biodiversidad, la fragmentación de ecosistemas naturales, dificultad de erradicación. Por no hablar de los elevados riesgos de incendio. Muchos de los que se producen en Galicia son por desgracia causados por tener una bomba de relojería en nuestros montes… Así que, con todo este contexto, desde aquí te animo a que los muebles que compres sean de madera sostenible como la de pino, roble, arce, abedul y abeto. Quizá su precio sea mayor, pero te aseguro que este es uno de los casos más claros de que **lo barato sale caro.**

10. Utilizar productos de limpieza ecológicos. ¿Cómo puedes detectar que un producto de limpieza es ecológico? Como en el caso de los alimentos, buscando el sello. Te voy a dejar unos ejemplos de sellos ecológicos un poco más abajo para que en tu próxima compra los reconozcas a la primera.

Este tipo de sellos son una certificación de que el producto que estás comprando cumple con ciertos estándares ambientales: reducción de emisiones de gases de efecto invernadero, biodegradabilidad, gestión de los residuos…

La **etiqueta Ecolabel** es una certificación otorgada por la Unión Europea, por lo que los productos que tengan este sello cumplen con los estándares marcados por dicha institución. Si buscas cambiar poco a poco tus productos de limpieza, encontrar este sello te será de gran ayuda para hacer tu limpieza más sostenible y segura. Además, este sello no está solo en los productos de limpieza, sino que puedes encontrarlos en productos destinados al bricolaje, la jardinería e incluso en muebles.

11. Iluminar tu casa con bombillas LED. Seguro que, desde hace unos años, estás viendo que en muchísimos lugares se sustituyen poco a poco las bombillas convencionales por las LED.

Si en tu casa tienes bombillas convencionales que sepas que son ocho veces menos eficientes que las LED. Con las lámparas fluorescentes pasa un poco lo mismo, las bombillas LED consumen un 44 por ciento menos de energía de media.

¿Esto quiere decir que debes retirar todas las bombillas de tu casa y cambiarlas por LED? No. No es nada sostenible tirar un producto si sigue funcionando, pero hazte una nota mental para que cuando se te funda una bombilla recuerdes hacerte con una LED, mucho más eficiente energéticamente.

12. Instalar sistemas de ahorro de agua. Este *tip* quizá no está todavía tan extendido como otros, pero hoy en día hay mil formas de ahorrar agua en tu propia casa, desde *gadgets* para que tu grifo sea más inteligente o cisternas eficientes hasta métodos más caseros que puedes instalar en tu ducha.

Te mentiría si te dijese que soy toda una experta bricomaniaca de los sistemas de ahorro de agua porque efectivamente el bricolaje no es lo mío (¡pero lo intento!). Y tampoco intentaré convencerte de que es supernecesario que te pongas un tutorial en YouTube o que investigues las cañerías de tu edificio. Pero sí te animo a acudir a tiendas especializadas para que te asesoren sobre los diferentes sistemas de ahorro de agua que hay hoy en día. Te sorprenderás de lo eficientes e inteligentes que son los que están a disposición de cualquiera y que te ayudarán a ahorrar mucha agua en tu hogar.

Hace unos meses, alguna gente que me sigue me envió un vídeo de un recipiente de plástico con un asa, como un bolso, para poner en la ducha y evitar que se despilfarre el agua mientras se está calentando. Sí, me refiero a esos minutos en los que esperas con tu piel desnuda delante del grifo de ducha. Fue un vídeo viral, así que es probable que lo hayas visto en algún momento.

Pues este es un gran ejemplo de que si no quieres comprarte un producto muy sofisticado, puedes utilizar una tina o un cubo de los que tengas en casa. Es tan sencillo como poner el cubo debajo del grifo de la ducha para acumular esa agua que se está calentando y, posteriormente, aprovecharla para regar las plantas, lavar los platos, enjabonar una camiseta… ¡Y ya está! **No hace falta una gran ingeniería para reducir el derroche de agua** (y te aseguro que es mucha la que se pierde mientras miramos el grifo hasta que sale a la temperatura adecuada).

TIPS PARA UN TRANSPORTE MÁS SOSTENIBLE

13. Caminar o ir en bicicleta en trayectos cortos. Sobra decir que la mejor forma de desplazarnos sin contaminar es andar, pero resulta evidente que no podemos dedicarnos toda nuestra vida a andar de un lado a otro como si viviésemos en el Paleolítico, pues tenemos la suerte de disponer de medios de transporte varios para desplazarnos. De igual modo, mi recomendación *slow* siempre será que si el trayecto es corto lo hagas andando o en bicicleta, pues cada vez hay más y más ciudades con una red de carriles bici, algunas mejores que otras (guiño, guiño). Además, también se extiende cada vez más el concepto «ciudades de quince minutos», planeadas urbanísticamente para que la mayoría de los servicios o las necesidades que te puedan surgir estén en distancias menores a quince minutos desde cualquier punto de la ciudad. Por ejemplo, en Galicia, los municipios con más de treinta mil habitantes que cumplen los requisitos de ciudades de quince minutos son de mayor a menor: A Coruña, Ourense, Ferrol, Lugo, Vigo, Pontevedra, Vilagarcía de Arousa, Arteixo, Santiago de Compostela, Culleredo, Ames, Narón, Carballo y Oleiros (datos recopilados de DataCentric).

¿Te imaginas ir a trabajar, al colegio, acudir al centro de salud, ir a la compra... en menos de quince minutos a pie o en bicicleta desde tu casa? A mí me parece un lujo y un modelo de ciudad y de forma de vivir al que creo que deberíamos aspirar. Este tipo de ciudades también hace que se priorice muchísimo más el comercio local, tan importante para nuestros barrios como viste en capítulos anteriores.

14. Compartir coche para ir al trabajo o a la universidad. Antes de 2020 compartía coche casi todos los fines de semana. ¿El motivo? Visitar a mi familia en la otra punta de Galicia. Así, haciendo de la necesidad virtud, descubrí la empresa BlaBlaCar.

Esta opción me parece muy interesante no solo para trayectos largos como los que te comentaba, sino que, para transporte diario compartir coche hace que el viaje sea un poco más sostenible, aunque viajemos en un vehículo privado.

¿Te has fijado alguna vez en medio de un atasco que en la mayoría de los coches solamente van una o dos personas? Yo lo hago muy a menudo y da mucha rabia pensar que la solución sería tan fácil como agruparse en menos vehículos. A fin de cuentas, ir al trabajo supone un desplazamiento rutinario de un punto A a otro B que siempre es el mismo, por eso, hoy en día hay muchísimas aplicaciones para compartir coche para ir al trabajo o a la universidad, como por ejemplo Hoop Carpool, Amovens, Conduzco e incluso a veces en las propias empresas y universidades tienen habilitada una zona en su web para compartir coche.

En ellas solo tienes que publicar tu trayecto, planificar tu rutina semanal si haces viajes a diferentes horas a lo largo de la semana y esperar a que varias personas reserven su plaza. Esto hace que tú ahorres, ya que los gastos se dividen entre todas las personas que van en el coche, y que el planeta esté un poquito más feliz.

Además, incluso veo más beneficios que la sostenibilidad y el ahorro de dinero, se optimiza muchísimo más el tráfico, por lo que se evitan atascos innecesarios, socializas muchísimo más durante el viaje y hasta puedes ampliar tu red de contactos. ¡Todo ventajas!

15. El transporte público será tu mejor aliado. No voy a entrar a hablar de cómo es el transporte público en tu ciudad, porque no lo sé, peeero sobra decir que viajar en él ayuda (y mucho) a que nuestro planeta no esté aún más enfermo por nuestra culpa.

En primer lugar, el transporte público más contaminante es el avión. Según la Agencia Europea de Medio Ambiente, el impacto climático global de volar en avión puede ser más de ochenta veces peor que coger un tren. Y eso tirando a la baja...

Ya te dije durante todo el libro que no juzgo, solo expongo opciones ante un problema. Por eso, si puedes desplazarte en tren en ese mismo trayecto que vas a hacer en avión, hazlo. Lo sé, aquí entran muchas cosas en juego, sobre todo, a nivel económico y de tiempo. Pero déjame decirte, por si no lo sabías, que las compañías aéreas tienen una serie de bonificaciones que hacen que tu billete de avión salga tan barato. «¡Anda, un billete de Madrid a Londres por quince euros, me lo compro!». **Suena jugoso, soy consciente, pero quiero recalcar que este tipo de precios no serían posibles sin esas bonificaciones.**

En el caso del tren, hoy en día están surgiendo una serie de bonos y bonificaciones que hacen que el coste del billete sea algo más asequible. Así que si te lo puedes permitir, esta siempre será la mejor opción.

Además, digan lo que digan, el hecho de ir hasta el aeropuerto, esperar en la puerta de embarque, subir al avión, despegar, realizar todo el trayecto, aterrizar, volver a esperar a que abran la puerta para salir y finalmente abandonar el aeropuerto, que probablemente esté bastante lejos de la ciudad, supone un tiempo que, si vas sumando minutos, muchas veces supera al que «perderías» yendo en tren.

> Blondie *tip*: la popularización del teletrabajo a raíz de la pandemia supuso un cambio de mentalidad muy beneficioso en algunos aspectos, ya que puedes levantarte más tarde porque no tienes que desplazarte, estás en tu zona de confort (¡y hasta puedes acariciar a tu mascota siempre que quieras!) y, lo más importante, al reducirse los desplazamientos se reduce, por consecuencia, la contaminación. Ya ves, todo ventajas.

TIPS PARA VIAJES MÁS SOSTENIBLES

16. Elegir destinos locales y menos turísticos. En un mundo repleto de sitios instagrameables sobra decir que se están sobresaturando lugares que probablemente antes no tenían unas tasas de turismo tan altas…

El turismo en la actualidad se ha convertido en una de las actividades económicas más importantes a nivel mundial. La globalización ha tenido un papel fundamental en todo esto y las redes sociales también. Somos un culo inquieto y si tenemos oportunidad de sacar la misma foto que fulanito en un banco precioso con vistas al mar, allá que vamos. Pero claro, una cosa es que alguien visite dicho banco y otra muy diferente es el efecto llamada desproporcionado cuando por ejemplo un vídeo se hace viral.

En este caso, los destinos turísticos se saturan cada vez más y más hasta llegar a un punto de no retorno. Tristemente esto sucede hoy en día (nadie sabe muy bien cuándo los lugares turísticos llegarán a su tope, pero lo harán), así que al evitar este tipo de lugares turísticos y centrarte en muchos otros, se disipa la carga de turistas y, por lo tanto, impacta mucho menos en el medioambiente. Un *slow living*, pero llevado a viajes… Suena bien, ¿no?

Además, elegir un destino local es una muy buena opción. **¿Cuántas veces quieres explorar medio mundo y de repente encuentras joyas paisajísticas y culturales al lado de tu casa?** Muchas veces el sitio más inesperado y mágico está más cerca de ti de lo que piensas…

17. Escoge alojamientos sostenibles. Se viene sello, se viene sello. En este caso, quiero mostrarte dos sellos diferentes que certifican que un alojamiento cumple con altos estándares de gestión ambiental dentro de su complejo.

El **sello Ecostars** es una certificación de sostenibilidad específica de hoteles en las que se van otorgando «estrellas ecológicas» según el impacto ambiental de un hotel. Hoy en día es uno de los sellos de sostenibilidad en hoteles más relevantes del mundo.

Travelife Gold es una certificación reconocida a nivel internacional que se otorga a hoteles u otros alojamientos que han cumplido muchos criterios, como la política de adquisiciones respetuosas con el medio ambiente, el reciclaje y la gestión de la energía y el agua. Y también tienen en cuenta su responsabilidad social hacia sus empleados y la comunidad local en la que se encuentra el alojamiento.

Por otro lado, el **sello GreenSign** es el emitido por InfraCert, el instituto de desarrollo sostenible en la industria hotelera. No es nada fácil conseguirlo, ya que el alojamiento tiene que cumplir los ochenta y cinco criterios que se basan en marcos de sostenibilidad reconocidos internacionalmente y que cubren áreas como energía, residuos, agua, movilidad…

Es muy probable que te encuentres con otros sellos diferentes a estos, ya que te he dado tan solo algunos ejemplos. Además, incluso en España hay hoteles que forman parte de cadenas (hoteleras) respetuosas, por ejemplo, Artiem Hotels, B&B Hotels, Arima Hotel & Spa…

La cuestión es que cuando reserves tu estancia en un alojamiento, cotillees su web para ver sus compromisos de sostenibilidad y con la comunidad local, y si tiene alguno de los sellos que te mencioné antes, ¡mejor que mejor!

18. Turismo sostenible. Ya hemos visto claramente que viajar está de moda, así que además de visitar sitios poco turísticos que con toda probabilidad no puedan albergar la cantidad de turistas que lleguen quiero añadir al punto anterior que si viajas, lo hagas apoyando todo lo local.

En otros capítulos te explicaba la importancia de consumir en tu barrio, en tu día a día, pues cuando viajas esta importancia se multiplica aún más. Si tienes pensado viajar a cualquier lugar del mundo, intenta apoyar a las comunidades locales.

«¿Cómo puedo ayudar a las comunidades locales?», te preguntarás… ¡Muy sencillo! Cuando busques alojamiento prioriza aquellos locales en vez de cadenas hoteleras, si quieres un *tour* por la ciudad, reserva con guías locales o si quieres llevarte un recuerdo de regalo, te aseguro que vas a triunfar si compras un souvenir artesanal local en vez de algo hecho en una fábrica a miles de kilómetros de distancia de ese sitio.

¡Y es que todo son ventajas! Si reservas en un alojamiento local, muy probablemente te recomienden sitios donde comer los mejores platos de la zona con los mejores precios. Hasta me atrevería a decirte que te recomendarán lugares poco turísticos y tendrás una experiencia gastronómica increíble. Lo sé porque siempre intento viajar así y he tenido experiencias como la que te estoy contando.

¿Soy esa persona que siempre encuentra el regalo más top del mundo porque compra en comercio local? Sí soy, la verdad. Y es que comprando en comercio local encontrarás cosas tan bonitas que descubrirás un mundo que muy probablemente no sabías que existía… El dichoso capitalismo nos ciega. Los precios puede que sean algo más elevados que un souvenir hecho a kilómetros de distancia, pero te prometo que la calidad será exquisita y representará un recuerdo inolvidable.

19. ¿Te unes al *slow travel*? ¿Esto existe? Pues sí. El *slow travel* es una nueva filosofía de viaje que significa viajar sin prisas.

Seguro que te vienen a la mente algunas vacaciones tras las cuales, cuando volviste a tu casa para regresar a la rutina y al trabajo, acumulabas más agotamiento que cuando te fuiste.

La verdad es que no sé en qué momento se ha normalizado irse de viaje y exprimir al máximo todos los días sin tener tiempo para el sosiego y disfrutar de la experiencia… **Cuando viajas es supernecesario deleitarse con el lugar el tiempo suficiente, estar en contacto con la cultura local, disfrutar de los trayectos de viaje, consumir gastronomía de cercanía…**

En resumen, no ir deprisa para ver tropecientas ciudades, sitios y monumentos en muy pocos días. Por eso, te invito a que cuando planifiques un viaje, tengas en cuenta que el *slow travel* te anima a disfrutar de un sitio sin prisas. Además, gracias a esta filosofía de viaje, harás un impacto mucho menor en los sitios que descubras.

Quizá puede que no necesites visitar tantos lugares o monumentos en tan pocos días, planifica el tiempo para visitar lo que realmente quieres ver y disfrutar del momento presente.

TIPS PARA UNA TECNOLOGÍA MÁS SOSTENIBLE

20. Reparar tus dispositivos antes que comprar. Soy muy consciente de que, por ejemplo, un teléfono nuevo es muy jugoso para la vista, nuevas herramientas, nuevas funciones de cámara, mejoras… Hay muchas situaciones (cuestiones de trabajo, estudios, etcétera) en las que puede que comprar un dispositivo nuevo sea necesario, pero pongamos que se te estropea una plancha o un microondas.

Estos dos dispositivos tienen funciones básicas que nos ayudan en nuestro día a día. Bien. ¿Este apartado es para concienciarte sobre importancia de la reparación? Sí, suena triste, pero muchísimas personas comprarían una plancha o microondas nuevo antes que llevar el antiguo a reparar. Y eso que en muy pero que muy pocas ocasiones el costo de reparación es mayor a comprar un electrodoméstico o aparato nuevo.

Creo que una de las cuestiones principales de por qué la reparación no está de moda es porque, como puedes observar en todo este libro, vivimos en desconexión del presente. **Si te pregunto por los comercios de barrio que hay en tu calle o en las paralelas, ¿sabrías decirme cuáles son? ¿Hay un zapatero? ¿Un electricista? ¿Un sitio para arreglar prendas?**

El desconocimiento y las prisas muchas veces hacen que caigamos en el clic fácil y metamos un electrodoméstico nuevo en el carrito de compra online antes de echar un vistazo en nuestro barrio a ver si hay algún comercio que nos pueda arreglar el que ya tenemos.

Además de la reparación local, cada vez más marcas dan la opción de enviarles los aparatos para su reparación y así darles una segunda vida. Justo hace muy poco, vi un caso de una maleta (no es un aparato electrónico, lo sé, pero nos sirve como ejemplo). En la web de la marca tenían una opción de reparación que salía un 75 por ciento más barato que comprar una nueva.

> Blondie *tip*: las marcas no van a promocionar a bombo y platillo que reparan los aparatos antiguos, esa será tu misión. Estas quieren vender electrodomésticos y tecnología nueva. Así que ahora que ya conoces varias opciones de reparación, no tienes excusa para darle una segunda vida a ese aparato que aún tiene muuuchos días de servicio.

21. Comprar reacondicionados. Ay, el mundo de los reacondicionados… ¡qué maravilla! Un producto reacondicionado es aquel que sufrió en su momento algún tipo de desperfecto o avería, lo devolvieron y la propia marca los puso de nuevo a la venta con un precio mucho menor. Vamos, un producto de segunda mano de toda la vida, pero en este caso te lo vende la marca en perfectas condiciones, como nuevo, aunque ya ha sido usado. Al vendértelo la marca, tienes una garantía, lo cual te da una mayor confianza que si hubieses comprado dicho producto en un sitio de segunda mano al uso. Puede que si compras algún artículo reacondicionado su embalaje esté algo dañado o presente algún roce por el uso, pero te aseguro que sus funcionalidades están como nuevas. **¿Y lo mejorcito? Que su precio, como te decía, es muchísimo menor.**

¡Ojo! Muchos de los reacondicionados incluso no han sido comprados por ningún cliente, sino que son artículos que estaban en exposición, por lo que su embalaje ya fue abierto y el dispositivo se puso en marcha, ¡pero nada más!

Puedes encontrar muchos productos reacondicionados como móviles, tabletas, artículos relacionados con el mundo del *gaming* y ¡mucho más! Cada vez más marcas se unen a esta moda de los artículos reacondicionados, así que no me extrañaría nada que otro tipo de aparatos fuesen reacondicionados en un futuro muy próximo.

22. Desconectar aparatos para ahorrar energía. Sí, no es un mito, desenchufar el cargador de móvil si no lo estás utilizando ahorra energía.

Es el llamado gasto fantasma o invisible. El cargador del teléfono móvil, la tostadora, el microondas, el televisor, la *airfryer*... Seguro que tienes en tu casa muchísimos más aparatos conectados tooodo el día a la red eléctrica sin estar utilizándolos. Aunque estos estén apagados, si están conectados a la red pueden hacer un consumo de entre el 7 al 11 por ciento de tu factura de la luz. Fíjate que cuando por ejemplo el microondas está apagado probablemente tenga una luz roja que te indica que está en *stand by* o en reposo, consumiendo energía.

Así que el truco más sencillo que puedo darte para ahorrar tanto energía como dinero es desenchufar el aparato si no lo estás utilizando. Fin. Rápido y sencillo.

23. Eliminar mails o spam. En nuestro día a día, lleno de actividades y preocupaciones, seguro que muchas veces te diste cuenta de que al final de la jornada tienes la bandeja de entrada del correo electrónico cada vez más llena. ¿A que nunca te imaginarías que eliminar todos esos mails de spam que te llegan ayudaría a nuestro planeta?

¿Sabes cuánto contamina un correo electrónico? Un correo normal tiene una huella de carbono de hasta cuatro gramos, mientras que otro con archivos adjuntos posee hasta cincuenta gramos. Y es que creemos que los mails no contaminan o que no crean residuos físicos como tal que puedan dañar nuestro planeta. Siento decepcionarte, te presento la «contaminación digital».

Según un estudio de la Royal Society informado por el Foro Económico Mundial, las tecnologías digitales contribuyen a la producción de entre un 1,4 y un 5,9 por ciento del total de las emisiones mundiales. Para que te hagas una idea, el tráfico aéreo es el responsable del 2 por ciento de las emisiones mundiales. Increíble, ¿verdad?

El famoso spam (o mails que podrías borrar perfectamente, ya que son publicidad pura y dura) contamina porque se almacena en grandes servidores e infraestructuras, esto es, la parte física del mundo digital, y estos consumen mucha energía. Para que te hagas una idea, la electricidad necesaria para que funcionen dichos servidores se genera por combustibles fósiles, lo cual produce grandes cantidades de carbono. Por lo tanto, la energía necesaria para sostener el servicio aumenta proporcionalmente en función de los megabytes de datos procesados. Vamos, cuanto más pesado sea tu correo electrónico, más huella de carbono tiene.

Una persona promedio que utiliza el mail para trabajar puede llegar a emitir 135 kilogramos de dióxido de carbono, un equivalente a los emitidos por un coche que funciona con combustibles fósiles en un recorrido de unos 320 kilómetros. **Se calcula que el 85 por ciento de los correos electrónicos que circulan en la red son spam, por lo que reducir este tipo de mails que llenan tu bandeja de entrada es clave para disminuir aproximadamente 231.000 millones de mails que se envían cada día en todo el mundo.** Y 100 correos equivalen a un gasto energético de 125 bombillas…, así que echa cuentas.

Lo sé, lo sé, ahora que sabes que contaminan verás esos mails que tienes en tu móvil o tu ordenador de una forma diferente. Pero no te preocupes porque voy a darte algunos trucos para disminuir tu contaminación digital:

- ✓ Pensar y luego escribir y volver a leer todo el mail antes de enviar para así evitar confusiones o que se te olvide adjuntar el documento (sí, sé que te ha pasado, a mí también).

- ✓ Reducir los correos electrónicos innecesarios.
- ✓ ¿Mi botón favorito? El de darse de baja de esa *newsletter* que no para de enviarte mails día sí y día también.
- ✓ Fija un día a la semana o al mes para borrar spam.
- ✓ Evita los correos «con copia» que no sean imprescindibles. ¿De verdad que hace falta que ese mail lo vea toda la oficina y la de al lado también?
- ✓ Intenta no enviar archivos adjuntos grandes.
- ✓ Limita el uso de la función «Responder a todos».
- ✓ Utiliza proveedores de correo electrónico que usen energías renovables y tengan políticas ambientales sólidas. Algunas de las empresas de correo electrónico que tienen fuentes cien por cien renovables son Tuta o Mailpro.
- ✓ Y, ligado al *tip* anterior, recuerda apagar el ordenador al final del día. Dejarlo en reposo seguirá gastando energía.

24. La galería de tu teléfono también suma. ¿Creías que las siete mil fotografías y vídeos que tienes en tu móvil de tu mascota, de tu viaje en 2008 o de tus capturas de WhatsApp no consumían energía? Pues, entre tú y yo, las fotos y los vídeos de los viajes o de los conciertos que creemos que volveremos a ver algún día solo ocupan espacio.

La consultora Strategy Analytics analizó todo este percal y vio que en el mundo hay 25.000 millones de dispositivos inteligentes. Dicha cifra seguirá creciendo hasta 38.600 millones en 2025 y 50.000 millones en 2030. Todos estos dispositivos están repletos de fotos, vídeos, audios y mensajes que probablemente no vayamos a utilizar más y crea un consumo ineficiente de energía. **Esto es lo que se conoce como la famosa «basura digital», todos esos archivos que tienen una vida muy efímera y que dejamos año tras año en nuestros dispositivos.** El 63 por ciento de los españoles acumula fotografías y vídeos en sus móviles. Por ponerte un ejemplo: guardar mil fotos en tu galería de móvil equivale a cargar ocho móviles.

Hagamos un ejercicio práctico, primero suma las fotografías que tienes en tu móvil. Después pregúntales a tus familiares cuántas guardan en los suyos. Finalmente, pregúntales a tus amistades cuántas fotografías tienen. ¿Cuántas fotografías (que no vídeos) crees que sumaréis? ¿Qué cifra te ha salido? Abrumadora seguro...

Y es que al igual que sucedía con los mails, las fotografías, vídeos, audios, mensajes que tienes en tu móvil o tableta, quedan almacenados en la nube. La nube es el corazón de internet, los centros de datos. Estos cada vez son más sofisticados porque la carga de archivos aumenta sin cesar... Rise Above Research estimó que en

2023 se sacarán 1,6 billones de fotos de teléfonos de todo el mundo y se almacenarán en la nube y otras formas de almacenamiento.

> Blondie *tip*: una de cada tres fotografías guardadas en el móvil no tiene ninguna relevancia y se podrían eliminar, pero en España solo el 37 por ciento de la población tiene la costumbre de deshacerse de todas estas fotografías que no tienen ningún valor, ocupan espacio en el móvil y contaminan.

Así que te animo a echar un vistazo a tu galería y hacer una limpieza de esa basura digital que no hace más que consumir energía y espacio. Seguro que mientras la haces te encontrarás con vídeos o fotos que grabaste en su momento «luego los veo» y de los que ya ni te acordabas.

RESUMEN DEL SEXTO CAPÍTULO

- Hacer pequeños cambios para ser más sostenible en tu día a día siempre es un puntazo. No te agobies y fluye. Intenta implementar un hábito y que se mantenga en el tiempo para poder sumar otro cambio sostenible a tu rutina diaria.

- Cambios sostenibles en tu alimentación: consume productos de temporada, elige productos ecológicos y/o alimentos locales, composta, come menos carne y más vegetales, planifica tus comidas para evitar el desperdicio y utiliza envases reutilizables.
- Cambios sostenibles en tu hogar: usa bolsas reutilizables, elige electrodomésticos eficientes energéticamente, compra muebles de segunda mano o de fuentes sostenibles, utiliza productos de limpieza ecológicos, ilumina tu hogar con bombillas LED e instala sistemas de ahorro de agua.
- Cambios sostenibles en tu transporte: camina o usa la bicicleta en trayectos cortos, comparte coche, usa el transporte público y fomenta el teletrabajo.
- Cambios sostenibles en tus viajes: elige destinos locales y menos turísticos, escoge alojamientos sostenibles, haz turismo sostenible y sumérgete en el *slow travel*.
- Cambios sostenibles en tecnología: repara tus dispositivos antes de comprar, adquiere aparatos reacondicionados, desconecta electrodomésticos para ahorrar energía y elimina la «basura digital».

7
REFLEXIÓN FINAL

> Eres naturaleza, está en tu interior y, por mucho que lo intentes, nunca podrás escapar de ella.
>
> Paula Vilaboy

Hasta aquí este libro, pero antes de que te vayas quiero dedicar este capítulo a una última reflexión final. Tengo un cúmulo de emociones que no sé explicar, pero soy consciente de que este libro es el que siempre quise leer, uno con datos útiles que puedas interiorizar y utilizar en tu día a día. Lo escribí para ayudarte a reconectar con la naturaleza, con lo esencial en esta era acelerada de las redes sociales que tiene sus partes buenas y sus partes malas, como acabamos de ver en capítulos anteriores. Quizá las redes sociales te han llevado hasta aquí o tal vez no. Puede que sean tu forma de desconectar en los días malos o son tu refugio, y eso siempre está bien. Disfrutaste la lectura desde el *slow living*, pasando por la dopamina del *fast content* hasta por qué es importante literalmente no hacer NADA. Nada de nada, ¡y qué bien sienta! Quise dejarte ejercicios prácticos a lo largo del libro para que así pusieses en práctica en el momento presente todo lo que estabas leyendo.

Reconectar con la naturaleza es primordial y, si has hecho el clic a lo largo de este libro, ya estoy más que satisfecha.

Recuerda que podrás recurrir a esta guía siempre que lo necesites, para rememorar todos los conceptos que te enseñé, ponerlos en práctica y bajar ritmos siempre que quieras o puedas. En todo momento tuve en mente que fuese útil para ti, pero, sobre todo, necesario para nuestra sociedad.

Después de estas páginas solamente puedo darte las gracias por acompañarme en todas y cada una de las palabras y ojalá poder vernos pronto. Hasta que pase ese momento, **¡nos vemos en las redes!**

Un abrazo enorme,

PAULA (@blondiemuser)

AGRADECIMIENTOS

Mamá, papá, gracias por darme la educación y los valores que tengo hoy en día. Sin ellos este libro no sería posible. Gracias también por darme las fuerzas necesarias cuando ni yo misma me mantengo a flote.

Adela, Jaime y Humberto, gracias por ser sostenibles sin saberlo. Me inculcasteis un amor por la naturaleza que vuestra nieta nunca va a tener el tiempo suficiente para agradecéroslo. Obdulia, ojalá allá donde estés te sientas orgullosa, no sabes la cantidad de cosas que me gustaría contarte, te echamos de menos.

Odu, Aman, Berti, Leo, Ana, Alba y Jorge, gracias porque, aunque estemos lejos, siempre sois casa.

David y Mencía, gracias por estar a mi lado durante todos estos meses en los que llenaba las horas redactando este libro. Gracias por todos estos años llenos de amor y risas.

Amigas, gracias por llenarme el corazón siempre que estamos juntas. Vivimos cada una en una punta, pero cuando nos juntamos es como si no hubiese pasado el tiempo.

A Ariane, mi editora, gracias por ese mensaje lleno de ilusión un 22 de enero de 2024 para poner en marcha este gran proyecto juntas.

BIBLIOGRAFÍA

BARMORE, W., *Ecology of Ungulates and Their Winter Range in Northern Yellowstone National Park: Research and Synthesis, 1962-1970*, Yellowstone Center for Resources, 2003.

BECKER, M., *et al.*, «Wolf Prey Selection in an Elk-Bison System: Choice or Circumstance?», *Terrestrial Ecology*, vol. 3 (2008), pp. 305-337.

BERMAN, M. G., *et al.*, «The Cognitive Benefits of Interacting with Nature», *Sage Journals*, vol. 19, n.º 12 (1 de diciembre de 2008), pp. 1207-1212.

BILYEU, D., *et al.*, «Water Tables Constrain Height Recovery of Sillow on Yellowstone's Northern Range», *Ecological Applications*, vol. 18, n.º 1 (2008), pp. 80-92.

BIRAU, M., «Handmaking a Better Future: A Scoping Review on the Role of Handmade Activities in Advancing Individual and Societal Well-Being», *Psychology & Marketing* (2024).

BOYCE, Mark S., «Wolves for Yellowstone: Dynamics in Time and Space», *Journal of Mammalogy*, vol. 99, n.º 5 (10 de octubre de 2018), pp. 1021-1031.

CHANG, M. y D. NETZER, «Exploring Natural Materials: Creative Stress-Reduction for Urban Working Adults», *Journal of Creativity in Mental Health*, vol. 14, n.º 2 (2019), pp. 152-168.

CHEVALIER, G., *et al.*, «Earthing (Grounding) The Human Body Reduces Blood Viscosity – A Major Factor in Cardiovascular Disease», *The Journal of Alternative and Complementary Medicine*, vol. 19, n.º 2 (febrero de 2013), pp. 102-110.

COLLIER, A. y H. WAYMENT, «Psychological Benefits of the "Maker" or Do-It-Yourself Movement in Young Adults: A Pathway Towards Subjective Well-Being», *Journal of Happiness Studies*, vol. 19, n.º 4 (1 de abril de 2018), pp. 1217-1239.

COUGHENOUR, M. y F., «Elk Population Processes in Yellowstone National Park Under the Policy of Natural Regulation», *Ecological Applications*, vol. 6, n.º 2 (mayo de 1996), pp. 573-593.

CUBAYNES, S., *et al.*, «Density-Dependent Intraspecific Aggression Regulates Survival in Northern Yellowstone Wolves (*Canis lupus*)», *Journal of Animal Ecology*, vol. 83, n.º 6 (noviembre de 2014), pp. 1344-1356.

ESTES, J., *et al.*, «A Keystone Ecologist: Robert Treat Paine, 1933-2016», *Ecology*, vol. 97, n.º 11 (13 de septiembre de 2016), pp. 2905-2909.

FITZGERALD, K., «Women's Health and The Workplace: The Impact of the Menstrual Cycle», Universidade Autónoma de Lisboa.

GRAELLS-GARRIDO, E., *et al.*, «A City of Cities: Measuring How 15-Minutes Urban Accessibility Shapes Human Mobility in Barcelona», *PloS one*, vol. 16, n.º 5 (5 de mayo de 2021).

Hansen, M., *et al.*, «Shinrin-Yoku (Forest Bathing) and Nature Therapy: A State-Of-The-Art Review», *International Journal of Environmental Research and Public Health*, vol. 14, n.º 8 (28 de julio de 2017), p. 851.

Hartig, T., *et al.*, «Annual Review of Public Health», *Nature and Health*.

Katterman, S., *et al.*, «Mindfulness Meditation as An Intervention for Binge Eating, Emotional Eating, and Weight Loss: A Systematic Review», *Eating Behaviors*, vol. 15, n.º 2 (abril de 2014), pp. 197-204.

Khavarian-Garmsir, A., *et al.*, «The 15-Minute City: Urban Planning and Design Efforts Toward Creating Sustainable Neighborhoods», *Cities*, vol. 132, n.º 1 (enero de 2023).

Le, J., *et al.*, «Cognition, The Menstrual Cycle, and Premenstrual Disorders: A Review», *Brain Sciences*, vol. 10, n.º 4 (27 de marzo de 2020), p. 198.

Lubchenco, J., «Ecology: The Sea-Otter Whisperer», *Nature*, vol. 533, n.º 7603 (mayo de 2026), pp. 318-319.

Mack, J. y F. Singer, «Population Models for Elk, Mule Deer, and Moose on Yellowstone's Northern Winter Range», *Ecological issues on reintroducing wolves into Yellowstone National Park. National Park Service Scientific Monograph*.

Mathes, W., *et al.*, «The Biology of Binge Eating», *Appetite*, vol. 52, n.º 3 (junio de 2009), pp. 545-553.

Mocák, P., *et al.*, «15-Minute City Concept As a Sustainable Urban Development Alternative: A Brief Outline of Conceptual Frameworks and Slovak Cities As a Case, *Folia Geographica*, vol. 64, n.º 1 (junio de 2022), pp. 69-89.

Mouratidis, K., «Time to Challenge the 15-Minute City: Seven Pitfalls for Sustainability, Equity, Livability, and Spatial Analysis», *Cities*, vol. 153 (octubre de 2024).

Nelson, J., «Mindful Eating: The Art of Presence While You Eat», *Diabetes Spectrum*, vol. 30, n.º 3 (agosto de 2017), pp. 171-174.

OMS, «Green and blue spaces and mental health: new evidence and perspectives for action», Regional Office for Europe, 2021.

O'Reilly, G., *et al.*, «Mindfulness-Based Interventions for Obesity-Related Eating Behaviours: A Literature Review», *Obesity Reviews*, vol. 15, n.º 6 (junio de 2014), pp. 453-461.

Oschman, J., *et al.*, «The Effects of Grounding (Earthing) on Inflammation, the Immune Response, Wound Healing, and Prevention and Treatment of Chronic Inflammatory and Autoimmune Diseases», *Journal of Inflammation Research*, vol. 8 (marzo de 2015), pp. 83-96.

Paine, R., «Size-Limited Predation: An Observational and Experimental Approach with the Mytilus-Pisaster Interaction», *Ecology*, vol. 57, n.º 5 (1 de agosto de 1976), pp. 858-873.

Peper, E. y R. Harvey, «Digital Addiction: Increased Loneliness, Anxiety and Depression», *Neuroregulation*, vol. 5, n.º 1 (2018), pp. 3-8.

PIERSON, E., *et al.*, «Daily, Weekly, Seasonal and Menstrual Cycles in Women's Mood, Behaviour and Vital Signs», *Nature Human Behaviour*, vol. 5, n.º 6 (junio de 2021), pp. 716-725.

POORE, J. y T. NEMECEK, «Reducing Food's Environmental Impacts Through Producers and Consumers», *Science*, vol. 360, n.º 6392 (1 de junio de 2018), pp. 987-992.

RIPPLE, W. y R. BESCHTA, «Trophic Cascades in Yellowstone: The First 15 Years After Wolf Reintroduction», *Biological Conservation*, vol. 145, n.º 1 (enero de 2012), pp. 205-213.

ROSE, K., *et al.*, «Outdoor Activity Reduces the Prevalence of Myopia in Children», *Ophthalmology*, vol. 115, n.º 8 (agosto de 2008), pp. 1279-1285.

RUTH, T., *et al.*, *Yellowstone Cougars: Ecology Before and During Wolf Restoration*, University Press of Colorado, 2019.

SCHOENEFELD S. y J. WEBB, «Self-Compassion and Intuitive Eating in College Women: Examining the Contributions of Distress Tolerance and Body Image Acceptance and Action», *Eating Behaviour*, vol. 14, n.º 4 (diciembre de 2013), pp. 493-496.

SCHOEP, M., *et al.*, «Productivity Loss Due to Menstruation-Related Symptoms: A Nationwide Cross-Sectional Survey Among 32 748 Women», *BMJ open*, vol. 9, n.º 6 (27 de junio de 2019).

SENIOR, C., *et al.*, «The Effects of the Menstrual Cycle on Social Decision Making», *International Journal of Psychophysiology*, vol. 63, n.º 2 (febrero de 2007), pp. 186-191.

Smith, D., *et al.*, «Wolf-Bison Interactions in Yellowstone National Park», *Journal of Mammalogy*, vol. 81, n.º 4 (2000), pp. 1128-1135.

Tribole, E. y E. Resch, *Intuitive Eating: A Revolutionary Program That Works*, St. Martin's Griffin, 2003.

Turunen, A., *et al.*, «Cross-Sectional Associations of Different Types of Nature Exposure with Psychotropic, Antihypertensive and Asthma Medication», *Occupational and Environmental*, vol. 80, n.º 2 (febrero de 2023), pp. 111-118.

Ulloa-Leon, F., *et al.*, «"15-Minute City" and Elderly People: Thinking About Healthy Cities», *Smart Cities*, vol. 6, n.º 2 (marzo de 2023), pp. 1043-1058.

Vermeesch, A., *et al.*, «Shinrin-Yoku 森林浴 (Forest Bathing): A Scoping Review of the Global Research on the Effects of Spending Time in Nature», *Global Advances in Integrative Medicine and Health* (febrero de 2024).

Warren, J., *et al.*, «A Structured Literature Review on the Role of Mindfulness, Mindful Eating and Intuitive Eating in Changing Eating Behaviours: Effectiveness and Associated Potential Mechanisms», *Nutrition Research Reviews*, vol. 30, n.º 2 (diciembre de 2017), pp. 272-283.